セールスの前に心をつかめ！

社長のふところに飛び込む極意

ワンランク上のアプローチ手法とコミュニケーション術

Shibui Masahiro
渋井正浩 著

近代セールス社

はじめに

さあ、社長のふところに飛び込もう

読者の皆さん、こんにちは。私はこの本の著者の渋井正浩と申します。私は金融機関出身で、現在は金融機関の職員研修の講師を中心に活動しています。

ここ数年、研修をしていると「取引先の社長と何を話したらいいのか分かりません」とか「新規先で1回目は勇気を出して行けるけど、2回目の訪問をどうやったらいいのか分かりません」あるいは「融資提案をしてもほとんど断られてしまいます」という方が増えてきました。勉強熱心で知識も意欲もあるのに、その能力を渉外活動で発揮できていない方が大勢いらっしゃるのです。本書はそんな悩みを持つ金融機関の渉外担当者の方に向けて、具体的な解決策を提示する本です。

渉外担当者の方が陥りがちな間違いは、すぐに成果を上げようと焦るあまり、社長との信頼関係を築いたり、会社の商売をきちんと理解する前に、融資の売り込みに走ったり、資金需要をヒアリングすることです。本来は、まずは社長のふところに飛び込んでしっかり会社の商売を聴き、社長との信頼関係を築き、その上で的確な融資提案をすべきですが、それができている渉外担当者は残念ながら少数派です。各金融機関でも問題意識を持ちながらも、きちんと教育ができている金融機関は少ないようです。

本書を読んでいただきその手法を実行していくと、社長とうまくコミュニケーションをとったり的確に商売の実態を聴き出すことができるようになります。そして社長に信頼され、営業の成果がどんどん伸びて、取引先や地域に貢献できる渉外担当者に成長していくことができます。

本書に書いてある内容を明日から実行し、社長のふところに飛び込んでください。きっと皆さんに素晴らしい未来が訪れることでしょう。

平成25年7月　渋井正浩

目次

第2章　社長とのコミュニケーションの基本

第3章　新規先へのアプローチ

第5章　取引先の商売を知りアドバイスができるようになる

第1章

成果を上げる渉外担当者とは

1 成果を上げる渉外担当者の4要素

4要素とは何か

業界問わず、成果を上げる渉外担当者とはどんな人でしょうか。皆さん、どう思いますか?

押しの強い人、知識が豊富な人、高いモチベーションを保っている人、フットワークが軽い人、勉強熱心な人、いろいろ意見があると思います。同じような内容をまとめて、ひとくくりにしていくと、成果を上げる渉外担当者の要素は、4つに集約することができます。

まず「**意欲**」です。これは、目標を達成するぞ、という強い気持ちです。

次に、頭と体を使って実際に動く「**行動力**」です。

3つ目が、相手のことを理解し、自分のことを伝える「**コミュニケーション力**」です。

そして4つ目が「**知識と技能(ナレッジとスキル)**」です。知識というのは、金融・経済の知識や商品知識に加え民法、不動産関連などの法律知識があります。また、個々のお客

成果を上げる渉外担当者の４要素

〔意欲〕
目標を達成するぞ、
という強い気持ち

〔行動力〕
頭と体を使う力

〔コミュニケーション力〕
相手のことを理解し、
自分のことを伝える力

〔知識と技能（ナレッジスキル）〕
知識をインプットし、
技能でアウトプット

様についての知識、それに雑学や地域情報というのもあります。要するに情報を知っているかどうかです。その情報をインプットして、それを交渉、商談に活かしたり、各種提案にアウトプットする力が技能です。知っていることを使って、いかにしてお客様の役に立つことができるか、ということです。

この４つの要素「意欲」「行動力」「コミュニケーション力」「知識と技能」がそろっている人が業界問わず成果を上げる渉外担当者です。これらの要素をレベルアップしていけば必ず営業成果が上がってきます。

2 営業成果は〝数×確率〟で決まる

何軒回り何件取れるか

では、営業成果というのは、具体的にどうやって決まってくるのでしょうか。それは「**数**」と「**確率**」の掛け算です。数は1日や1週間で何軒回ったかということで、確率は100軒の中で10件取れるのか、1件しか取れないのかの違いです。

「数」をたくさん回って、その中で獲得の「確率」を上げていけば、営業成果は間違いなく伸びるはずです。では「数」を増やすには、どうしたらいいか。それは先ほどの4要素の中の目標を達成するぞという「**意欲**」を持って、頭と体を使って「**行動力**」を発揮すれば、数は増えます。

「確率」は、何で決まるかというと「**コミュニケーション力**」と「**知識と技能**」の結果です。相手のことを理解して、自分のことを伝える。それに豊富な知識と高い技能を駆使すれば成約できる確率が上がってきます。

ですから、「意欲と行動力」で数を回って、「コミュニケーション力と知識と技能」を駆

営業成果の決まり方

営業成果＝数 × 確率

・「数」は“意欲”と“行動力”の結果
・「確率」は“コミュニケーション力”と“知識と技能”の結果

使して確率を高めていけば、必ず営業成果が上がってきます。

この「営業成果＝数×確率」の公式は、金融機関の渉外だけに当てはまるのではありません。どの時代のどんな業界の営業活動にも当てはまる普遍的な公式です。

どの金融機関の担当者も、どんな業界の営業マン・営業ウーマンも成果を上げようと頑張っています。皆さんもライバルに負けないよう数を上げる努力をしたり確率を高める工夫をして成果を上げていきましょう。

3 最初は「数」を攻めよう

エース級の渉外課長はなぜ成果を上げられるのか

数と確率ではどちらが大切でしょうか。どちらも大切です。でもどちらが結果を出しやすいかといえばそれは「数」です。数は自分自身の意欲と行動力の結果ですので、ある程度自分でコントロールできます。経験が浅い方でも意欲と行動力を発揮すれば数を上げることは十分に可能です。確率は相手の占めるウエイトが高いので、簡単にはコントロールできません。確率を上げるには、ある程度の経験や蓄積が必要です。営業経験が浅いうちはまずは数を回ることが大切で、数を回っているうちに経験値が上がってきて、コミュニケーション力が向上したり、知識や技能もレベルアップしてきます。

皆さんの上司の渉外課長で、プレーイングマネージャー的に部下を持ちながら、自分も営業活動をされている方もいると思います。課長は皆さんの指導や行内の報告文書の作成や会議への出席などもこなしながら、渉外活動をしているケースが多いはずです。

外訪活動に取れる時間は短くて数もそれほど回っていないのに、高い営業成果を上げているエース級の課長もいます。しかしエース級の方の確率が高いとはいえ、おそらく最初から確率が高かったわけではないでしょう、若いうちは数を徹底的に回って、コミュニケーション力と知識と技能をレベルアップして徐々に確率を高めていって今の状態になっているという人が多いはずです。

数をたくさん回っていると、いろいろな業界の社長と接することができるので、幅広い業界の知識が身につきます。その知識は同じ業界の別の会社の社長と面談する時に役に立ちます。また、いろいろなタイプの社長と数多く面談することで、度胸もついてコミュニケーションもスムーズに進むようになります。

だから皆さんもまずは数を増やすことを重点的にやっていきましょう。

4 数の逆ピラミッド

営業成果を上げるには数が大切とお話ししましたが、この数についてもっと突っ込んで考えます。

実権者との有効面談回数がポイント

数と一口に言っても、実は5つの階層、ステップに分けることができます。逆三角形の図がありますが、数をカウントするときに一番初めにベースになってくるのが、「**訪問件数**」です。まずは、単純に何件回るのかということです。「訪問件数」は、1日や1週間の目安があって、日報やスケジュール表で上司に報告しているケースが多いのではないでしょうか。

次に、その回った先の中で、何件「**実権者と面談**」できたかが大事な数となります。実権者というのは、その会社の中で物事をやるかやらないか決める立場の人です。中小企業

数の逆ピラミッド

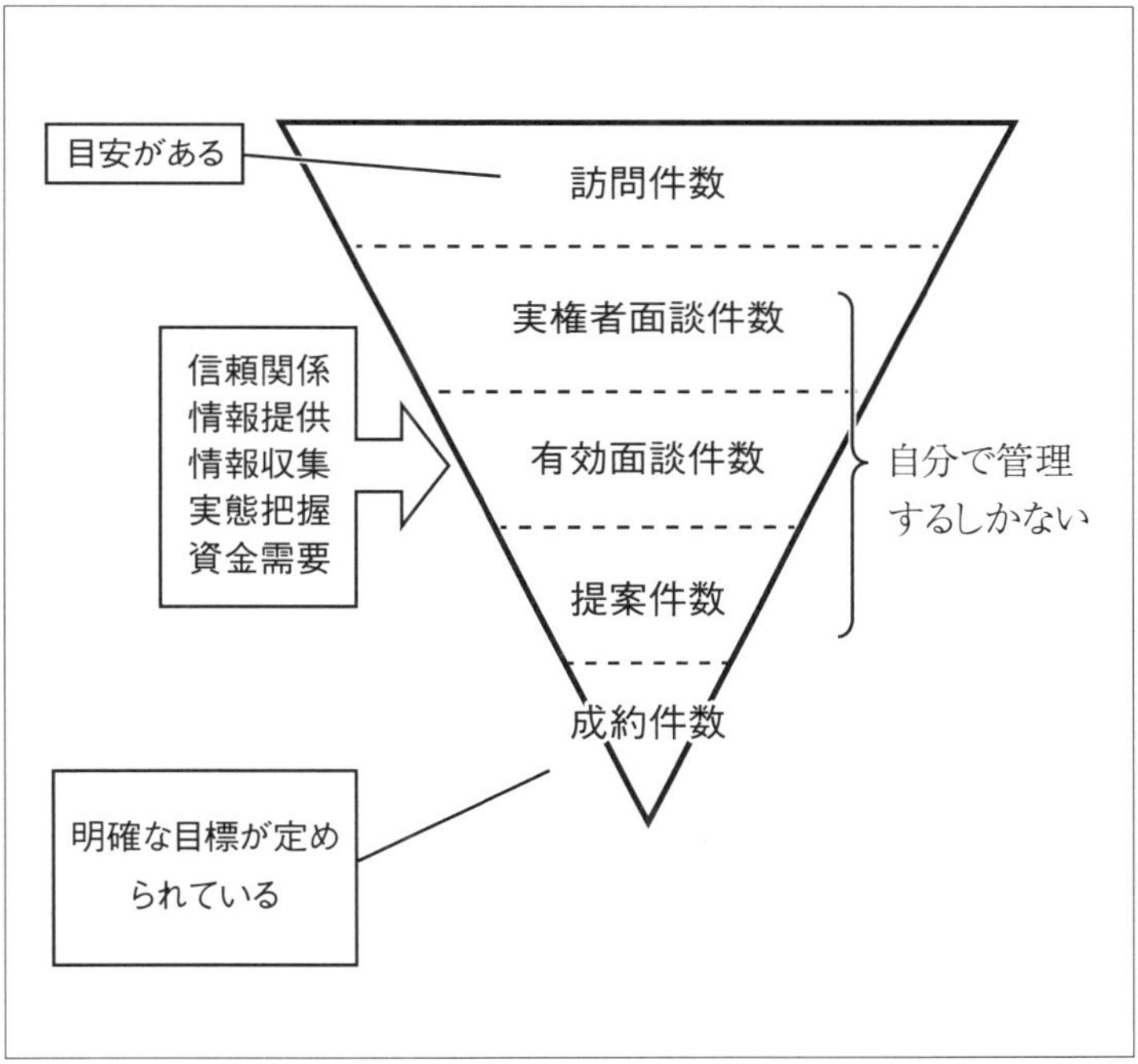
目安がある
訪問件数
実権者面談件数
信頼関係
情報提供
情報収集
実態把握
資金需要
有効面談件数
提案件数
自分で管理
するしかない
成約件数
明確な目標が定め
られている

の場合は、実権者のほとんどが社長です。実権のない人にいくら一生懸命何度も会って話をしてみても、話が前に進みません。

さらに実権者と会った中で、何件、有効な面談ができたかの「**有効面談件数**」が大切となります。いくら社長と会えても、天気の話や雑談だけで終わってしまっては仕方がありません。「あの人はいったい何しに来たんだ?」と思われてしまいます。せっかく会えたのなら、取引につながるような有効な話をしなければなりません。

有効面談には、いくつかの種類がありますが、社長と信頼関係を作る(こいつは面白そうだ、うちのためにいろいろとやってくれそうだ、信頼できそうだと相手に思ってもらう)、こちらから会社に役に立ちそうな情報提供をしたり、会社や社長についての情報収集をして、実態把握をする、それに資金需要をつかむなどが考えられます。

有効面談を重ねて、具体的な提案をして「**提案件数**」を積み上げます。提案内容は主に融資の提案になるでしょう。

最後に提案した中から、何割かが成約に至ります。通常、営業の目標は、この「**成約件数**」が数字の目標になっています。

訪問件数と成約件数は目安や目標がありますが、問題になってくるのが、この間にある

３つの件数です。**実権者面談件数**、**その中の有効面談件数**、そして**提案件数**です。この３つの件数は自分で管理するしかありません。誰もほかの人は管理してくれません。

渉外活動は地道な行動の積み重ねです。いかにして、自分の意欲と行動力で実権者面談件数を増やして、有効面談件数を増やして、提案件数を増やせるか、これが、成約件数を上げるためにどれだけ大事なことか、皆さんにもお分かりいただけるのではないでしょうか。

5 意欲と行動力で実権者と面談しよう

提案件数の目標も立てる

今、お話ししたことは誰にでも分かる当たり前のことです。でも、分かることとできることは別物です。実際、できていない方が多いのです。

私は以前、関西地方の地域金融機関の営業本部長からこんなことを聞きました。その地方でもトップを争うような立派な金融機関です。ある会合で本部長にお会いした時に「最近の営業活動はいかがですか。若手の交渉スキルなど課題とかございませんか？」と私がうかがうと、ため息交じりに次のような言葉が出てきました。

「今の若い渉外は、交渉以前の問題で、社長と信頼関係を作るのが苦手なんだよな。信頼関係もできていないのに、いきなり借りてくださいって言っても無理だよ」「中には担当先の社長の顔を知らないっていう渉外もいるんだ」「経理や奥さんのところにいって、集金なんかの用事を済ませて帰ってくるだけじゃ、いくら地元企業のために頑張ろうといっても限界があるし、営業成績も上がらないよ。本音を言えば、そんな職員に高い給料は出せないんだけどさ」

訪問だけはしているけど、実権者に会わない。それでは、有効面談もできませんし、提案もできない。ましてや成約件数も上がるわけがありません。やはり成果を上げるには、意欲と行動力を持ってまずは実権者、社長に会うしかありません。怖がっていてはいけません。意欲と行動力で実権者と面談する、これをまずは心にしっかりと刻み込んでください。

1日の訪問予定表も単に行く先を並べるのではなくて、訪問目的が何なのかをしっかりと記載しましょう。訪問はできるだけ実権者と会って、有効面談にするためにどんな情報収集をするのか、もしくは自分からどんな情報を伝えるのかを事前にイメージしておきます。1日の振り返りでも、単に「行った」「行かなかった」「成約が取れた」「取れなかった」ではなく、実権者と会えたのか、有効面談ができたのか、提案できるネタを獲得できたのか、1件1件振り返りを行います。

毎月の行動目標を立てる時も、融資をいくら実行する、新規先を何件獲得する、だけではなく、その前の「提案件数」まできちんと目標を立てます。それを週間の行動予定まで落とし込みます。こうすれば、今までは何となく作っていた1日、週間、月間の予定表も成果を上げるためのツールとして活用できます。

			訪問結果		
	提案	成約	面談相手	目的達成	具体的内容
			社長	○	業界レポートお渡し。反応詳細はカード記入
	マル保借換え		部長	×	社長急用で面談できず
		新規貸書類	社長	○	書類引上げ完了。金曜日実行
			奥さん	○	参加希望、手続き進める

訪問予定表

	訪問先	面談相手	新規・既存	訪問目的	
				情報提供	情報収集
午前	○○工業	社長	新規先	業界動向	
	○×商会	社長・経理部長	既存先		直近業績
	××製作所	社長	新規先		
	○○菓子店	社長・奥さん	既存先	ビジネスフェア案内	
	…				
	…				
	…				

月間目標（法人関連）		既存先	新規先	合計
実権者面談件数				
有効面談件数				
提案件数				
成約件数	マル保			
	プロパー			
	…			
	…			

6 渉外担当者の成長プロセス

渉外担当者の４要素がレベルアップしていくと、イコール成長していることになりますが、その成長過程、成長プロセスを表したのが、次頁の表です。

御用聞き型営業からの脱却

最初は誰でも**御用聞き型営業**、すなわち「何か御用はありませんか」、金融機関でいえば「資金はいりませんか」というところから始まります。これはどんなに経験を積んで、成長していっても、現実的には全部なくすことはできません。

「集金あるから来てよ」と言われれば行かなければならないこともあるでしょうし、たまには特に用事がなくても、何か御用はありませんかとこちらから顔を出すこともあります。特に個人先を含めた大口取引先には、ご機嫌伺い的に訪問することもあります。

次の段階は**説明・説得型営業**です。「こんな新商品が出たので貸りてください」というわゆるお願い営業、売り込み営業と呼ばれるものです。これが行きすぎると押し売りと言

渉外担当者の成長プロセス

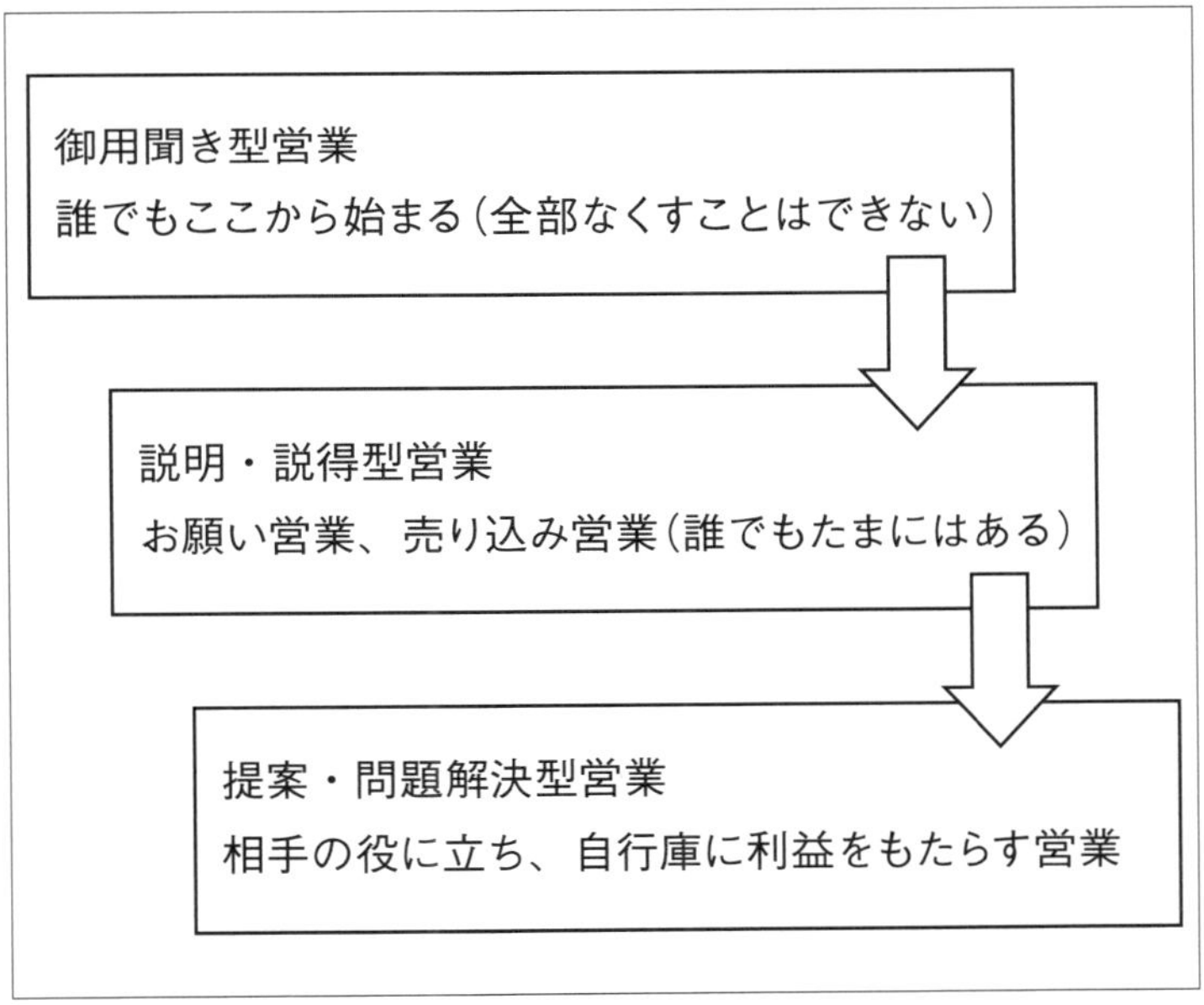

われます。これもどんなに成長しても、たまにはあります。月末に何かの数字が店全体で目標に1件足りなければ、「社長お願いします」と頭を下げることもあるでしょう。でもいつまでもそればかりでは困ってしまいます。

そして、最終的に行き着くのが**提案・問題解決型営業**です。これは、相手の会社の役に立って、なおかつ自分の金融機関にも利益をもたらす営業スタイルです。

皆さんが今、どの段階にいるかはご自身が認識されていらっしゃると思いますが、ぜひ早い段階で、提案・問題解決型の渉外担当者になっていただきたいと思います。もし自分は「もうそうなっている」と思っていらっしゃる方は、より高いレベルで相手の会社の業績に貢献できたり、社長に喜んでもらえるような「提案・問題解決」ができるようにならなくてはなりません。

慣れたらやろうとか、いつかはやろうではなくて、明日からさっそくやりましょう。「慣れたら」とか「いつかは」というのは、「**いつまでたってもやらない**」ということと同じです。とにかく、自分は提案・問題解決型の営業になるぞと決めて、どんどん実行していきましょう。

7 一般企業と金融機関の営業はどこが違うのか

金融機関の商品はおカネ

ここまで述べてきたことは、金融機関に限らず、すべての業界の渉外担当者に共通する基本事項でした。次からは、金融業界に特化して話を進めます。成果を上げる金融業界の渉外担当者になるにはどんな考え方や視点を持っていたらいいかという内容です。

皆さんは金融機関で営業をされていらっしゃいますが、金融機関の営業と一般企業の営業ではどこが違うのかを確認しておきましょう。明確な違いがあります。

一般企業の営業マンが扱う商品やサービスは、何にどう役立つのか、これを「効用や便益」と言っていますが、それがハッキリしています。

例えば、コピー機の営業マンは、コピー機が何にどう役立つかをハッキリと言うことができます。コピーが取れたり、パソコンから印刷ができたり、書類のスキャンができたり、何にどう役立つかが明確なので、「オフィスの文書作成」という特定分野に焦点を絞った営業ができます。

運送会社の営業マンであれば、モノを移動させる、という効用がはっきりしていて、企業の物流に焦点を絞れます。人材派遣会社であれば、人員管理などの人事部門に焦点を絞れます。

一方で、金融機関が扱っている融資商品、具体的にはおカネですが、おカネは何にどう役立つかがハッキリしていません。おカネそのものは直接的には何も生み出しません。1億円だろうが、10億円だろうが、100億円だろうが、現金や預金でそのまま置いておいても、何も生み出しません。もちろん預金金利は付きますが、その分、融資の金利もかかります。

では融資商品、つまりおカネがどういう時に役に立つのか、本来持っている価値が生まれるかと言うと、相手の会社にその商売で上手に使っていただくことで、初めて価値が生まれます。1億円を融資したとして、そのおカネを事業で上手に使って1億2000万円にしてもらう。この時におカネはその本来持っている価値を発揮します。ですからおカネの価値を存分に活かしていただくためには、**相手の会社の商売・ビジネスの全体を知ることが必要**です。それが分かっていないとおカネの売り込みもできません。その上手な使い方を金融機関側から提案するのが、提案型、問題解決型融資と言われるものです。

一般企業の営業マンの場合は、比較的交渉のポイントを絞って、ピンポイントの視点で売り込みができますが、金融機関の場合は、**企業をトータルで見る視点**が必要になってきます。これは、何もどちらが偉いとか、偉くないとかではなくて、扱っている商品の性質が違うんだ、と理解してください。

さらに、これは優良な先に新規融資を行う時だけの話ではなく、融資の管理、お客様の業況の把握でも一緒のことです。業績不振に陥って、何か手立てを講じなくてはいけない時に、商売の全体が分かっていないと、改善策の提案もできません。どこに問題があるのか確かめなくてはなりませんし、多くの場合、問題が１個だけではなく、いろいろなところに問題がある、ということも多いので、商売の全体をよく知っておく必要があるのです。

8 社長の関心と金融機関の関心はこれだけ違う

関心・興味の違いで話が噛み合わないことも

社長と話をしていて、どうも話が噛み合わない、相手が乗ってこないと感じたことはありませんか？　それは、当然と言えば当然のことで、社長が関心を持っていることと、金融機関の担当者が関心を持っていることの間に微妙にズレがあるからです。

皆さんは、会社を見る時に、まずは何が気になりますか？

一般的に金融機関が相手の会社に対して関心・興味を持っているのが、「財務内容」やそれに基づいて決められる「格付け」、それに「資金需要」です。まず最初に貸せる先なのか、もっと貸しても大丈夫な先なのかが知りたいですし、仮に貸せる先だとして、資金需要があるのかが気になるはずです。次にどんな金融機関からいくら借りているかという「金融機関の取引状況」、それから、「事業計画」などです。これらが関心・興味が高い情報で、一言でいうと〝金融機関目線〟で重要な企業の情報です。

社長の関心と金融機関の関心の違い

社　　長	金融機関担当者
「自社の営業活動」 「顧客動向」 「自社の商品やサービス」 「業界やライバルの動向」 「資金繰り」	「財務内容」 「格付け」 「資金需要」 「金融機関の取引状況」 「事業計画」 「資金繰り」
商売に直結している事項	金融機関目線

では、社長は自分の会社のどんなことに関心を持っているのでしょうか。それは「自社の営業活動」「顧客動向」「自社の商品やサービス」「業界やライバルの動向」です。このように、商売に直結している事項について、一番関心・興味を持っています。

金融機関は数字という結果に関心・興味が向きがちですが、社長にとっては数字が出てくる過程（プロセス）が重要なのです。言われてみれば、そうだよな、と思うかもしれませんが、この関心・興味の違いが話が噛み合わない、話が盛り上がらない原因です。

唯一、共通の関心事が「資金繰り」です。資金繰りに詰まると企業は事業の継続に支障を来し、最悪の場合は倒産に追い込まれます。これは社長にとっても、金融機関にとっても最も避けなければいけないことですので、両者の興味が重なるのです。

興味の違いが社長と渉外担当者のすれ違いの原因です。渉外担当者は、成約件数の数値目標に追われるあまりついつい焦って「この先は貸しても大丈夫な先かな、稟議が通るかな。資金需要はないかな。なんとか借りてくれないかなあ」ばかり気になって、それに関する質問をしてしまいます。一方の社長はそんな担当者に対して、「何で金融機関はカネはいりませんかとか他行庫残高がどうのとか、カネのことしか聞いてこないんだろう。もっとうちの商売のことを理解して、商売のためになる情報の1つくらい持ってこいよ」と思っています。

この社長のセリフは何も私が勝手に作ったわけではなくて、いろんな経営者の方から直接うかがったものです。

私は商工会などで、経済セミナーの講師などもやらせていただく機会もありますが、講演が終わったあとの懇親会などで、社長さんから「渋井さんは銀行出身らしいけど、どうして銀行ってカネのこと、他行の残高がどうだとか、カネは必要ないかとか、そんな話しかしないんだろうね」と聞かれたことが一度や二度ではありません。「もっと商売のことを聞いて欲しいんだけどね」とおっしゃる方がたくさんいらっしゃいます。これは北から南まで日本全国の社長が同じようにおっしゃいます。

経理の担当者の方は仕事柄、比較的金融機関と同じようなことが興味の対象なので、金融機関の渉外担当者との話もスムーズに進む傾向があります。経理の人とはうまく話せるけど、社長とはどうもスムーズに話ができないという方がいらっしゃったら、こんなことが理由になっています。

社長と金融機関の渉外担当者の関係は、まるでサッカー好きの男性とクラシックバレエ好きの女性がお付き合いをしているようなものです。恋人と話をする時や友人と話をする時、相手が自分の興味のあることばかり話しているとウンザリしてしまいますよね。ではどうしたらいいかということですが、どちらかが相手に合わせなくてはいけなくて、どちらが合わせるかというと、当然、金融機関の渉外担当者のほうが合わせるのです。簡単にいうと、社長の興味のある、商売のことを話題にすればいいわけです。

9 カネのことばかり訊かずに商売のことを聴く

経営者の一番伝えたいことを聴く

皆さんは、ついカネマワリのことばかり訊いていませんか、きちんと商売のことを聴いていますか。

カネマワリには2つあって、1つは、〝回る〟ほうで、「資金繰り」のことです。もう1つは〝周り〟のほうで、これは「資金需要や他行庫残高」のことです。ついついこの話題ばかり持ち出していませんか?

〝きく〟も漢字が違っていて、「**訊く**」は尋ねるとか、問うという意味です。「**聴く**」は、「注意深く耳を傾ける」の意味です。漢字ってうまくできていますね。「訊く」は「ごんべん」であるだけにこちらが話すイメージですし、「聴く」は「みみへん」なので、こちらが聴くイメージを持っています。

ですから「資金需要ありませんか」とか「他行庫残高はいくらですか」というのは、社長にとっては、問い質されている感じを受けるのです。もちろんそういうことを聞くのも債権管理上必要なので聞かなければなりませんが、それればかりでは、社長もうんざりしてしまいます。

私は日本各地の金融機関で渉外研修をやらせていただいています。九州のある金融機関で、社長にはカネのことより先に、商売のことを聴いたらいいですよ、というお話をしました。その数ヵ月後に参加した方から次のような内容のお手紙をいただきました。

――新規先に行ってカネのことはあと回しにして商売のことを聞いたところ、社長から「ほかの金融機関は会社の財務内容のことしか聞かないけど、○○さんは、技術やサービスのことなど、一番伝えたいことを聞いてくれるから嬉しい」と言ってもらいました。もちろん新規取引も成立しました――

「よその担当者とは違う」と思わせる

会社の行っている商売のことに注意深く耳を傾ける必要がありますし、その効果はとても大きいものです。なぜなら、商売を聴く金融機関の渉外担当者は意外に少ないですし、商売が好きな金融機関の渉外担当者はもっと少ないのが現実です。商売のことを興味シンシンで聴けば、社長は「こいつは、よその担当者とは違う」と思ってくれます。

「よその担当者とは違う」と思われると、どういうことが起きるかというと、会社や社長に何かあった時に、真っ先に相談してもらえます。普段から商売のことを伝えているので、相談がしやすいのです。「会社や社長に何かあったらまず最初に相談される関係を築きなさい」と上司から言われている人も多いと思います。金融機関の中で一番に相談してもらえる関係になるためにも商売のことをどんどん聴いていきましょう。

なお、商売のことをどうやって聴いていくかは第5章で具体的に詳しくお伝えします。

10 社長の2大関心事

社長に喜んでもらえる聴き方

社長の関心事についてもう少し突っ込んで考えてみましょう。関心事で最も大きいもの2つ、それは自社の「**顧客（お客様）**」と自社の「**商品・サービス**」です。これが企業の存立基盤です。顧客に商品・サービスを購入してもらうことで企業は成り立っています。だから、当然のことです。

ですから、社長の会社を褒めたり、質問する時も、社長が喜ぶ聴き方をします。

例えば、新しく担当になった会社の社長から、月次の試算表と顧客別の売上推移のデータをいただいたとします。営業利益率は15％と高水準で、売上高は前年同期比10％も伸びていました。顧客は、地元の有力企業が多く、顧客数も増えていました。

皆さんなら、このデータをもとに、社長に対して、どのように褒めたり、質問したりしますか？　業績のいい会社の社長に対して、一般的に渉外担当者は、「御社は収益力が非常に高く、売上高も増加していますね。その秘訣は何ですか」などと話すのではないでしょうか。しかしこれは、いわば**金融機関目線**での訊き方です。

何も言わないよりはいいでしょうが、そんなに喜びません。同じことを褒める、同じことを聴くのなら、せっかくなら社長に喜んでもらえる聴き方をしたいものです。こんな言い方をしてみましょう。

「お客様（ユーザーさん）が順調に増えていらっしゃるんですね。それに、いいお客さんをお持ちですね。このあたりでも有力な会社さんばかりじゃないですか。どうやったらこんなにいいお客さんをつかめるんですか。よほどいい商品（サービス）なのでしょうが、社長さんの会社の商品（サービス）のどんなところが、お客様（先方様）に特に評価されているのでしょうか。ぜひご教示ください（ぜひ勉強させてください）」

このほうが、ずっと具体的ですし、社長も喜んで説明してくれます。これで会社の強みが聞けることになります。

逆に売上や利益が下がっている時も、単に、「売上も利益も低調ですね。なぜでしょうか？」と言っては、

「うちも頑張っているんだけど…」

「そうですよね。仕方ないですね」

というやり取りで終わってしまします。

それよりも、

「どのあたりのお客さんとの取引が特に不振なのでしょうか」

「商品的に何か問題があるのですか」

「お客さんが他社商品に乗り換えたということは考えられませんか」

こう聞けば、社長も具体的に原因を考えることができます。

新たに担当先になった製造業の社長とのトーク事例を次に掲げておきます。

担当者　**御社のお取引先は、どんな会社さんが多いのですか？**
やはり卸売業の会社さんですか？

社　長　**そうだけど、最近は小売業との直接取引も増えているよ。**

担当者　**お取引先の構成は、ここ数年来変化していらっしゃいますか？**

社　長　**5年前から比べるとずいぶん変わったなあ。**
大阪方面の会社とも取引を始めたからね。

担当者　**お取引先が御社の商品をご評価されているのは、特にどのような点がポイントでしょうか？**

社　長　**うちの商品は価格帯は低いけど、性能的には中級クラスの性能があるから、そこが評価されているんだよ。**

担当者　**商品を開発されるのは、やはりご苦労が多いのでしょうね。**

社　長　**商品の開発中は何日も泊まり込みになることもあるよ。**

担当者　**すると従業員様は、開発部門の方が多いのですか？**

社　長　**今はそうだけど、これから少し営業も増やそうと思っているんだ。**

（実際は、各段階で取引先のこと、商品のこと、商品開発のこと、営業マンの増員のことなどを突っ込んで詳しく聴いていく）

11 定量情報と定性情報と実態把握

決算書を見ないでいかに融資の判断をするか

私は、何も決算書やデータなどの定量情報をないがしろにしろと言いたのではありません。決算数字やデータも大事です。ただ、決算書の数字は、あくまでも結果です。そこに至るまでのプロセス、過程に目を向けて欲しいのです。社長はそのプロセスに関心を持っていますし、それが金融機関にとっては定性情報の収集と実態把握にもつながります。

私は銀行で渉外係以外にも支店の融資係と本部の審査部門も経験しました。最初は支店で融資係を担当したのですが、決算書分析にはそれなりに自信を持っていました。しばらくして同じ支店内で渉外係に回ったときには、当然のように取引先でも決算書や財務の話をしていたのです。

ある日、支店長と同行訪問した時もついいつもの調子で財務の話をしたのですが、支店に帰ると支店長から「君は取引先ではいつも財務の話ばかりしているのか」と聞かれました。私は銀行員なのだし財務の話を中心にするのは当たり前のことだと思っていました。財務分析をして会社にアドバイスしたり、渉外係でも財務分析に基づいてきちんと融資判断をすべきだと思っていたからです。決算書の読解が得意だとやや天狗になっていたのかもしれません。

すると支店長に「財務分析ができれば銀行員の仕事が務まるのだったら、何も銀行員ではなくて税理士や公認会計士が銀行員の仕事をすればいいじゃないか。そのうちコンピュータが発達したら、コンピュータにでも銀行員をやらせればいい。その時、君はどうするんだ。仕事がなくなるぞ。究極の銀行員は財務の話なんか聞かなくても、決算書なんか見なくても、どんな会社でいくらくらいなら貸せるかを判断できる人間だ」と言われたのです。

支店長の話はやや極端ですが、確かに決算書を見て貸せるか貸せないかを判断するのであれば、ある程度誰でも同じ結論になります。決算書を見ないで貸せるか貸せないかを判断するためには、しっかりと商売の実態、どんな商品やサービスを扱っていて、どんな強みがあって、どんな顧客がいるのかなどを突っ込んで聴いていく必要があります。これが定性情報で、その定性情報をもとに大まかな売上規模や利益が出ているのかどうかを想像し、いくらくらいまでなら貸せるのかを判断していくのです。

もちろん実際には、融資を決める際には決算書の分析なしで融資を決めるということはありません。しかし気持ちの上では決算書を見なくてもいい会社かそうではないか、貸せる先かどうかの判断をできるようになろう、少しでも究極の銀行員に近づこうと思ったものです。そのためにも営業トークを工夫したり、社長から定性情報を聴き出すやり方を一所懸命に考えるようになりました。

12 社長は悩みごとを誰に相談しているのか

金融機関に相談するのは1割未満

会社を経営していれば、社長は必ず悩みごとが出てきます。では社長は誰に悩みごとを相談しているのでしょうか。

あるアンケート結果を見てみます。熊本県が発表した「中小企業の金融と経営課題に関するアンケート調査（平成25年1月公表）」の結果で、「経営に関する定期的な相談先」という質問に対しての答えです。

1位は、商工会や商工会議所などの経営支援機関で41・6％。2位は税理士や公認会計士で36・2％。3位が同業者18・1％、4位は取引先で10・5％。5位にやっと金融機関が出てきてわずか9・1％になっています。そして相談していないという社長も19・4％もいます（複数回答なので合計は100％を超えます）。

皆さんはこの数字を見てどう思いますか。会社と金融機関は債務者と債権者という関係

経営に関する定期的な相談先

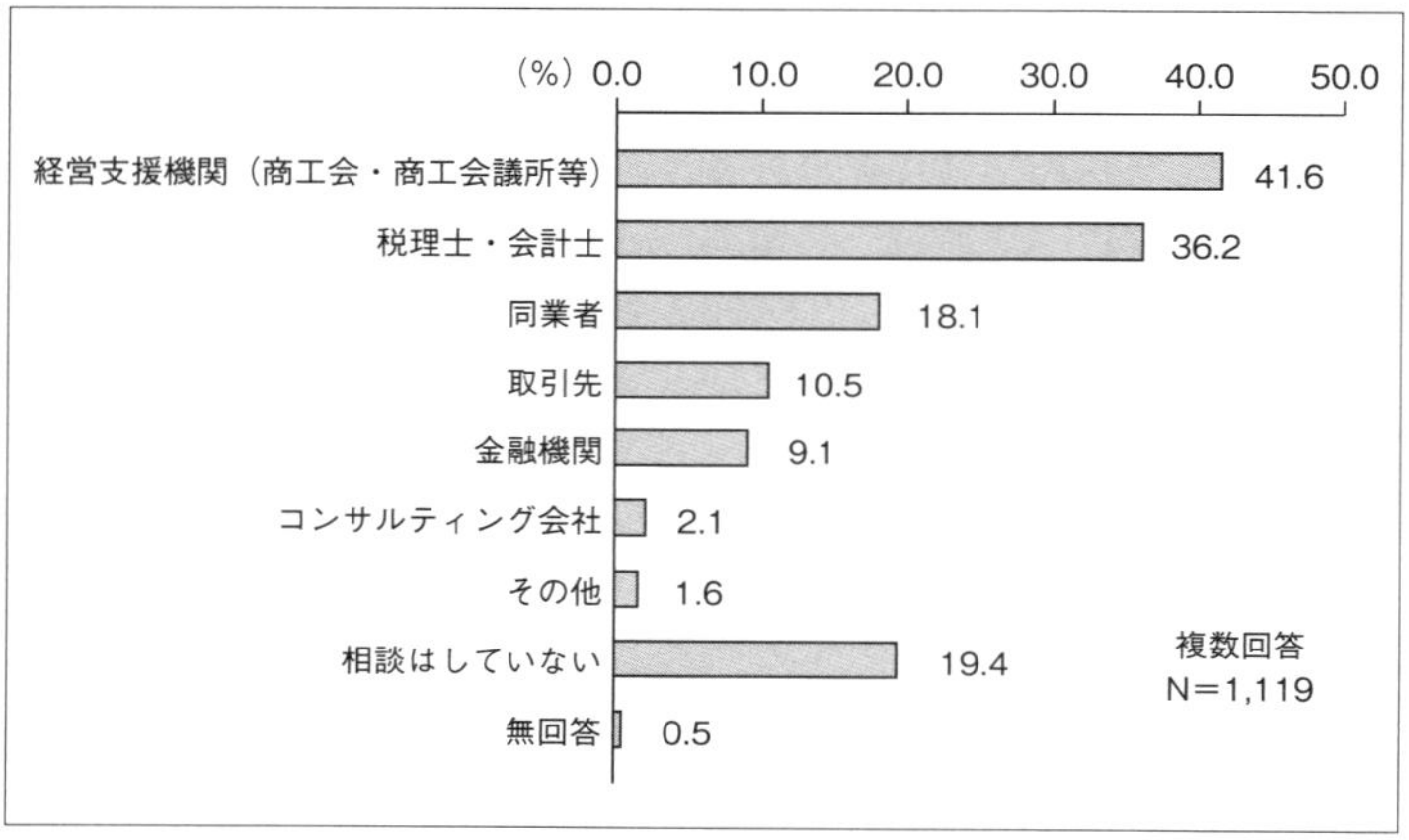

金融機関からの経営アドバイス・情報提供の有無

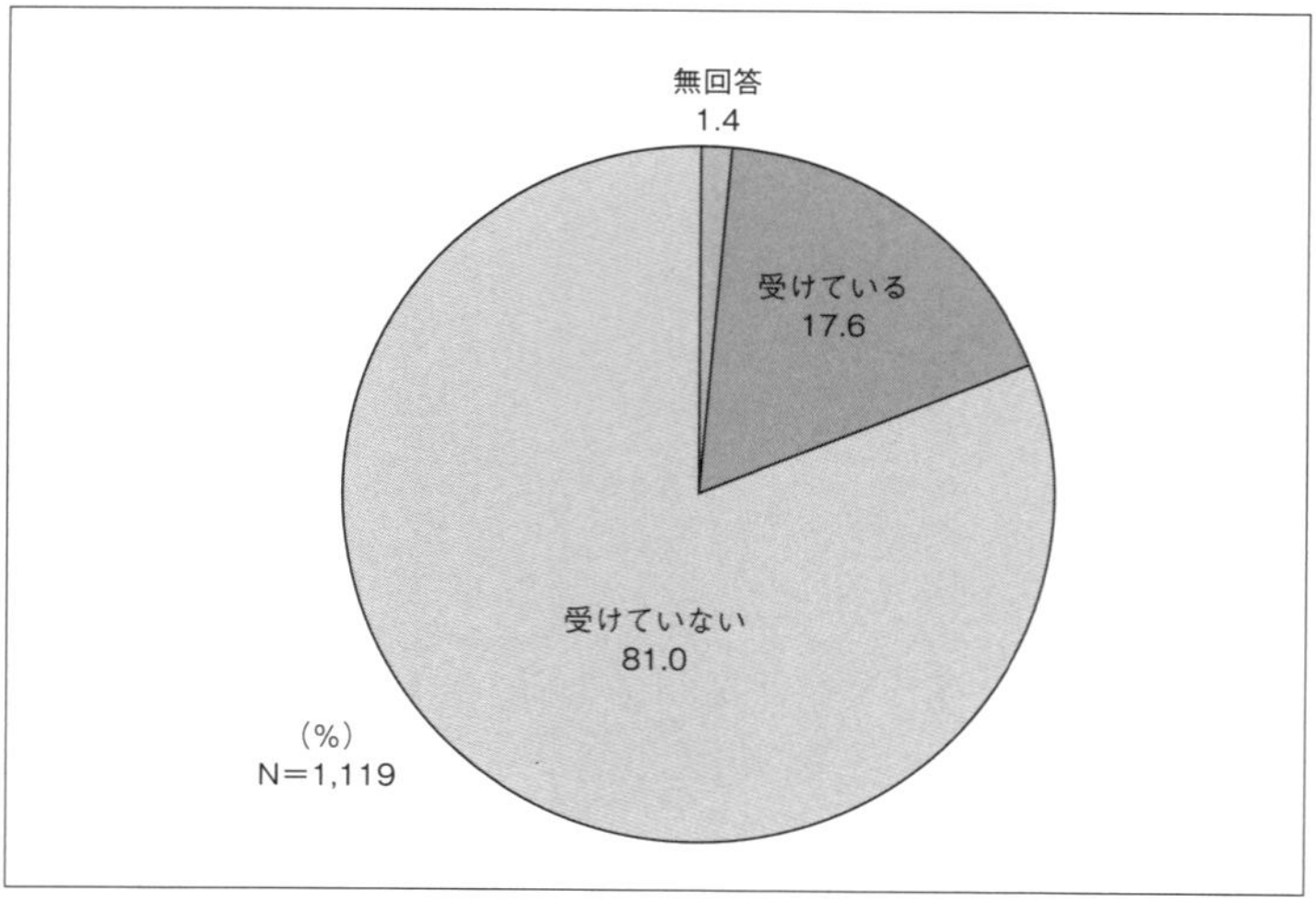

ですので、特に業況の厳しい会社は腹を割って相談しにくいという事情もあるでしょう。それでも金融機関に相談している社長が1割にも満たないというのは残念な結果です。それに誰にも相談していないという社長が約2割もいるのも驚きです。中には自分で考えるから誰にも相談する必要がないと考えている社長もいると思いますが、相談したくても誰にも相談できないという社長も少なくないはずです。よく言われるように社長はとても孤独な存在です。

もう1つのアンケート結果も見てみます。同じく熊本県が実施したアンケートで、「金融機関からの経営アドバイス・情報提供の有無」という質問への回答結果です。「受けている」と答えた割合は17・6％で、「受けていない」と答えた割合が81・0％にも上っています。

各金融機関は相談機能や情報提供機能の強化を標榜していますが、2つのアンケート結果から分かるように、経営相談や情報提供では社長からはあまり頼りにされていないようです。金融機関を頼りにしているのは資金面、融資だけというのが多くの企業の実態かもしれません。ですから、もし他行庫がメインでなかなか食い込む余地がないと思っている優良先でも、相談や情報提供の部分では大いに役に立てる可能性があります。相談や情報提供面でいい活動ができれば、その後に融資取引を増やせる可能性が高まります。優良先に単純な融資提案を重ねてもそうは簡単にＯＫをもらえるものではありません。まずは悩みごとの相談に乗ったり、有意義な情報提供を進めていきましょう。

また、逆に自行庫がメインで自分たちではしっかりと相談に乗ったり情報提供しているつもりでも、相手の社長はそうは思っていないケースもあり得ます。あの先は大丈夫だと油断せずにきちんと相談に乗ったり、情報提供をしていくことが大切です。

仮説を立てて面談しよう

会社の経営課題や社長の悩みを聞いて役に立つ情報提供をしようとする場合、いきなりストレートに「御社の経営課題は何ですか?」「社長さんは何に悩んでいるのですか?」と訊いても、社長が答えてくれる可能性は少ないです。それよりも「御社は（または社長さんは）こんなことで悩んでいませんか?」と聴けば、「そうですよ。よく分かりますね」とか「そこは悩んでいないけど、別のことで悩んでいます」と答えてくれます。

「こんなことで悩んでいませんか」と考えるのに必要なのが〝仮説思考〟です。仮説思考というのは、現在入手できる情報から、あり得そうな仮の結論（仮説）を導き出し、それをベースに行動していくという考え方です。

仮説を持たずに社長との面談に臨むケースと、仮説を持って面談に臨むケースでは、どんな違いがあるでしょうか。例えば、売上不振の小売業の会社の社長面談で原因をヒアリングするとします。

・仮説なしの担当者Aさんの場合

担当者A　御社は最近、売上が不振ですが、その原因は何ですか？

社　長　えーと、それはいろいろとあるのですが…。景気が悪いのが一番の原因でしょうか。

これでは一般論になってしまい、具体的な原因を探ることは困難です。

・仮説ありの担当者Bさんの場合

担当者B　御社は最近、売上が不振ですが、近隣に競合店ができたことが大きな原因でしょうか？

社　長　まだ細かく調べたことはありませんが、確かにあのお店にお客が流れている可能性はありますね。今度調査してみます。それに当社では、半年前に優秀

なパート販売員が家庭の事情で辞めてしまって、そのあといい人がなかなか採用できないのです。

担当者B　それでしたら、支店の取引先でいい人材紹介の会社がありますから、一度ご紹介しましょうか？

Bさんは、自分が知っている情報を活用して、「近隣に競合店ができたのが原因ではないか」という仮説を立てて、社長にぶつけています。社長は今度調べてみようという気持ちになりました。それに会社の内部の課題もヒアリングすることができています。これが、売上高という定量情報と数字に表れない定性情報を合体させて、企業活動の実態に迫る、実態把握です。そして実態把握をしたあとのソリューション提案もできました。

もう1つ、新規先で法人相手のルートセールスをしている会社の社長との初回面談のケースです。

・仮説なしの担当者Aさんの場合

担当者A　経営上のお悩みはありませんか？

社　長　（初対面でいきなりそんなことを聞かれても、言えるわけないだろう）今のところは特にありませんね。

・仮説ありの担当者Ｂさんの場合

担当者Ｂ　御社の場合、営業マンの方の育成が経営上の重要ポイントかと思いますが、どのような工夫をされていらっしゃいますか？

社　長　（なかなかよく分かっているな）確かに育成も大事ですし、その前の採用も独自の工夫をしているのですよ。

担当者Ｂ　独自の工夫とはどのようなことですか。業界での営業経験を重視するのが一般的だと思いますが。

社　長　弊社は業界経験者よりも、他業界で活躍していた営業マンを積極的に採用しています。その理由は…。

このように、仮説のありなしで話の弾み具合、情報収集の量と質がまったく変わってきます。仮説を立てる利点をまとめると次のようになります。

〔渉外活動で仮説を立てる利点〕

・企業の情報をすべて入手しようとするのは現実的には困難

・仮説を立てた上で企業にぶつけ、相手の反応を見たり、仮説を確認するために要求した資料を分析するほうが効率的

・仮説が的外れだったり間違っていても、ヒアリングから別の情報が得られ、仮説を修正していく、もしくは、確実な情報を得ることができる

・企業にとって表面的、一般的ではなく自社について真剣に分析、検討していることが伝わる

・仮説なしで面談すると、ありきたりな話題、通り一遍なヒアリング、一方的な融資提案に陥る

仮説を立てるために必要なこと

仮説を立てるためには、直感（ひらめき）、経験則、論理思考が必要です。直感（ひらめき）は、「会社の雰囲気が暗いな。業績が良くないのだろうか」とか、経験則は「以前、同じ業界の会社を担当していて、冬場は売上が減少するので資金需要があった。この会社もそうかもしれない」のようなイメージです。論理思考はロジカルシンキングとも呼ばれ、

「売上高は減少しているのに売掛金のサイトは年々伸びている。焦げ付きが発生したか、粉飾決算の可能性もある」のように財務知識を使ったり、場合によってはフレームワーク（思考の枠組み）を使って仮説を立てるケースです。

実際には直感（ひらめき）、経験則、論理思考をバラバラに使うのではなく、３つを駆使して仮説を立てます。それに大切なことは、何かおかしいぞとか、どうしてだろうという素朴な疑問や引っかかりを大事にすることと、相手（会社や社長）に関心興味を持つことです。相手に関心興味を持って、「どんな会社なんだろう、どんな社長なんだろう、何を考えているんだろう」と相手の立場に立って考えることが一番重要です。

悩みのない社長、問題・課題のない会社は1社もありません。必ず何らかの悩み、問題・課題を抱えているものです。資料を読み込んだり、想像力を働かせて、仮説を立てて社長にぶつけてみましょう。多少的外れだとしても、社長はあなたの役に立ちたいという気持ちを評価してくれるはずです。

第2章

社長とのコミュニケーションの基本

1 なぜ第一印象が大切なのか

3秒で決まる第一印象

ここでは社長とのコミュニケーションの話をしましょう。まずはコミュニケーションの基本的な部分から見ていきます。

いろいろなコミュニケーション関係の本には、見た目の大切さが書かれています。笑顔が大事、第1印象は3秒で決まるとか、人は見た目が9割、そんな言い方もあります。確かに間違いないことで、言葉のやり取り、言葉の中身以前のコミュニケーションをどうとるかということが、実は重要な役割を持っています。これは、動物の進化の過程を考えるとよく分かります。

小動物が、森や草原で他の動物に遭遇した時にとっさに判断することは何だと思いますか。おそらく、自分を食べる相手か、あるいは自分が食べる相手か、あるいは何も関係ない相手かを、見た目で一瞬で判断しているはずです。見た目の情報、**視覚情報（非言語情**

情報をどう捉えるか

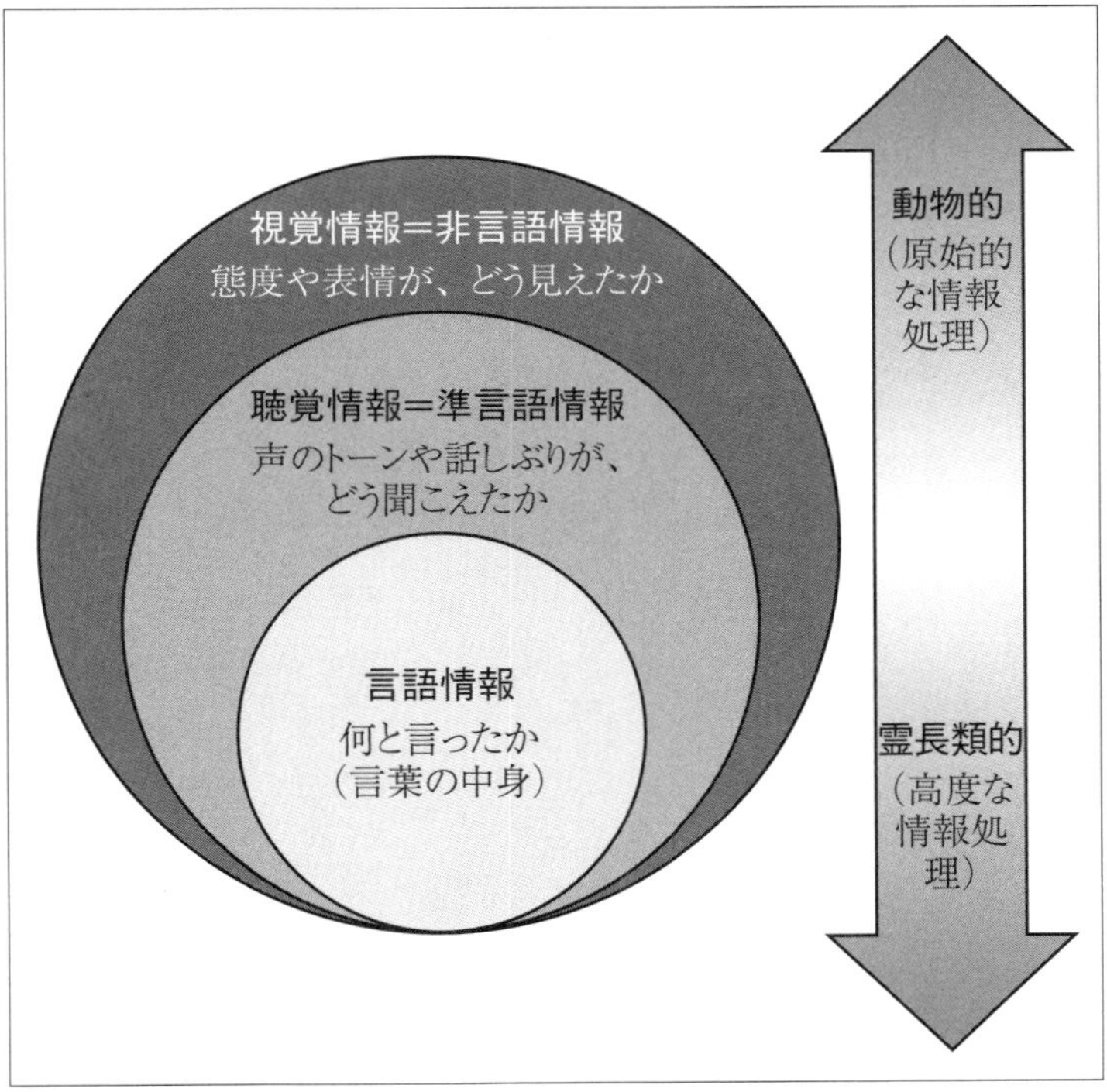
視覚情報＝非言語情報
態度や表情が、どう見えたか
聴覚情報＝準言語情報
声のトーンや話しぶりが、どう聞こえたか
言語情報
何と言ったか（言葉の中身）
動物的（原始的な情報処理）
霊長類的（高度な情報処理）

報）は最も原始的な情報処理です。少し発達した動物は、吠える声や身振り手振りで危険を知らせたり、愛情表現をします。これを**聴覚情報（準言語情報）**と言います。

さらに人間は、言葉を発明して、単なる吠え声ではなく、複雑な意味を持たせました。この**言語情報**を理解するためには、脳で複雑な情報処理をする必要があります。

聴覚情報でも判断している

このような進化の過程をたどってきていますが、情報処理の難度は原始的なものがより簡単なのは変わりません。まずは視覚情報で見て敵か味方かを判断し、次に声のトーンや話しぶりの聴覚情報で判断し、最後に話の中身の言語情報で判断するということが行われています。

ですから、視覚情報や聴覚情報の発信には、十分気を配らないといけません。服装、髪型、立ち居振る舞い、表情、元気な声出し、これらに気を配って「私は社長の味方です。お役に立ちます。信頼してもらって大丈夫です」と情報発信をすると、そのあとの言語情報に至ったときにずっと有利になります。

逆にここで不信感を持たれてしまっては、言語情報で発信した内容をしっかりと受け入れてもらえない可能性が高くなってしまいます。

ただ、誤解のないようにお話ししておきますが、何も松岡修三さんのようにいつもハイテンションだったりする必要はないですし、皆さんに弁舌爽やかになって欲しいというわけではありません。皆さんはそれぞれいい個性、キャラクターをお持ちでしょうから、その個性、キャラクターを活かしつつ、大切にしつつ、ただ、金融機関の渉外担当者であるからには、相手に信頼してもらい、自分が役に立つ人間だよと伝える必要がある、伝えるようにして欲しい、ということです。

2 ちょっとだけ他人より頭と体を使う

営業活動を行っている中で、視覚・聴覚情報のコミュニケーションでちょっとだけ工夫すると、好感度がアップするやり方があります。

ビルに向かってお辞儀をする

皆さんは、社長室に入ったり、経理担当者のところに行くまで、もしくは、そこから帰る時、会社の中をただボーっと歩いているなんてことはありませんか。会社には自分が会う人以外にも、いろんな社員がいて、お仕事をされています。そういう方々に対しても、元気な笑顔で挨拶して歩きたいものです。「こんにちは」「お世話になっております」「失礼します」「ありがとうございました」など、部屋の中の人たちに笑顔で声を掛けていきましょう。なぜならその方々が一所懸命に働いてくれているからこそ、金融機関にきちんと金利を払えたり、返済ができるからです。

けっこう、「お疲れ様です」「ご苦労様です」と声を返してくれる人もいます。いつ来ていつ帰ったか分からないようでは、営業をやっている人の行動としてどうでしょうか。「○○銀行・信金・信組の担当者は礼儀正しいね。元気だね」と言ってもらえるように行き帰りの社員さん達への挨拶、実践してみてください。

それに社員さんが個人的に住宅ローンを借りたいとか、相続関係で相談したいなどと思った時に、いつも元気に声掛けをしている担当者と暗い感じで訪問している担当者とどちらに相談してみようかな、と思うでしょうか。間違いなく元気なほうに相談しようと思うはずです。

比較的規模の大きい会社に上司の方と帯同訪問すると、ビルの出口まで送ってくれることがあります。その時は、ビルの入口が見えなくなる角に来たら、振り返ってお辞儀しましょう。律儀な人は、相手が見えなくなるまで、中に入らないで見送っています。そんな人にお尻を見せたまま帰ってしまっては、やはりそれは具合悪いし失礼です。

いない場合もありますが、その時はその時で、会社に対して敬意を表するためにビルに向かってお辞儀をしましょう。どこで誰が見ているか分かりません。もしかしたら、オフィスの窓から社長が見ているかもしれません。別に難しいことではないので、やってみることです。

3 会話はキャッチボール、ただし対等ではない

いかに気持ち良く投げさせるか

言語情報の話です。お客様と話している内容について、自分のこと、自分が言いたいことばかり話してはいませんか？　これはまさにご法度です。でも相手のことを根掘り葉掘り質問ばかりしているのも、警察の尋問みたいで社長も気分がよくないでしょう。

会話の基本は、よく言われるようにキャッチボールなのですが、ただし、社長と渉外担当者のキャッチボールは、対等な関係のキャッチボールではありません。社長がピッチャーで渉外はキャッチャーです。キャッチャーの渉外は、ピッチャーにサインを出して、投げたいボールを気持ち良く投げてもらいます。ボールを受ける時は、ミットでバシッといい音を出して「ナイスボール！」と声を掛けます。

野球にあまり詳しくない方には申しわけありませんが、基本的に野球の主役はピッチャーで、キャッチャーは女房役と言われます。優秀なキャッチャーの条件の1つに、いかにピッチャーに気持ち良く投げさせることができるかということがあります。そのために、

ピッチャーが投げたそうなボールを投げさせたり、ミットで取ったときに「バシッ」という音を出したり、「ナイスボール」と声を出したりして、気持ち良く投げさせるのです。

社長と渉外担当者の関係もこれと同じで、いかにして社長に気持ち良く話をさせるかでいい雰囲気の会話ができるようになります。話す量は主役の社長が6〜7割くらい、渉外担当者は3〜4割ぐらいが一番いいバランスです。いかに自分がいい話をするかではなく、社長に気持ち良く話してもらうかを意識しましょう。

4 サインや「ナイスボール！」のあれこれ

相手を褒めて相づちを打つ

会話はキャッチボールで、渉外担当者は相手を褒めたり、相づちを打ったりしなさい、と言われます。それが、キャッチャーが出すサインや「ナイスボール」という言葉なのですが、褒めることや相づち以外にもサインやナイスボールの掛け声は、たくさんあります。次頁の表はその一覧です。

実際には、これらを2つか3つ組み合わせて、コミュニケーションを取っていきます。例えば、「褒める」と「質問」を組み合わせて、

「社長はいつもおしゃれなネクタイをされていますね。どこか外国のものですか」

「きれいなお花を飾っていらっしゃいますが、どなたが活けたのですか」

などと話します。

決算説明で業績が良い旨の説明があったら、

サインや「ナイスボール」のあれこれ

種　類	言　葉
理解する	なるほど。分かりました。勉強になりました。
同意する	そうですね。本当ですね。
褒める	すばらしいですね。
共感する	それはいいですね。私もそう思います。
感謝する	ありがとうございます。助かります。
感動する	感動しました。
相談する	ご相談がございまして。
質問する	1点、ご質問ですが…。○○なのですか？
教えを乞う	教えていただきたいのですが。ご教示いただきたいのですが。 勉強させていただきたいのですが。
尊敬する	尊敬します。

「なるほど。分かりました。好調な決算ですばらしいですね」

これは「理解」と「褒め」です。そして、

「1点ご質問ですが、特に好調だった商品は何ですか」

と質問します。

こんな具合です。

5 まずはとにかく「同意する」

少なくとも反対はしない

会話のキャッチボールではいろいろなサインと「ナイスボール」がありますが、一番基本的なところで心がけたいのは「**同意する**」ということです。なぜなら、最近の傾向で、本当に同意できないのかどうか分かりませんが、「同意しません」という意味の口癖が流行っているからです。それは「**いや**」「**でも**」「**っていうか**」「**違う、違う**」などの言葉です。これらはすべて「私はあなたの言うことに同意しません」という意思表示の言葉です。

なぜそんなことになっているのか、私も心理学者や社会学者ではないので詳細には分かりませんが、こうした言葉を発する人が増えているように感じます。本人は単なる口癖で言っているだけかもしれませんが、言われたほうは、あまり気分のいいものではありません。皆さんの中にはいらっしゃらないかもしれませんが、もし心当たりのある方は、直したほうがいいでしょう。

代わりに、「なるほど、そうですね」「ああ、ほんとですね」とか、できるだけ同意する言葉を使うことです。

相手に同意できなくても、どうしても必要な場合を除いて、反対はしてはいけません。特に関係を深めたいと思っている会社の社長ならなおさらそうです。どうしても同意できない場合や、ぼかしたほうがいい場合は、「なるほど…」「そういうのもありますね」と言えばいいのです。

特に、政治絡みの話題や宗教絡みの話、誰かの悪口を言われた時などは、はっきり答えないで、「そういうのもありますね」的に流してしまったほうが無難です。

どうしても必要な場合というのは、取引条件のことだったり、社長が勘違いしていたり、金融機関が受け入れられないような話が出た場合は、誤解されないように、しっかりとこちらの考え方や事実関係を説明しなければいけませんので、当然反対すべきことは反対します。

こうしたやり取りで、社長とのコミュニケーションのベース、基本的な信頼関係を築いていきます。

6 自己紹介は会社名と名前を名乗るだけ？

社長の印象に残るためには

次は、言語情報の自己紹介の話です。

新規先でアポが取れて社長と応接で話をする機会がもらえた、転勤で着任して担当先に初めて挨拶する、主要な融資先の社長が決算説明で来店されて初めて名刺交換するなど、様々なシチュエーションの場面で、自己紹介することがあります。そんな時に印象に残る、自分の意欲が伝わる自己紹介とはどんなものでしょうか。２つの自己紹介の例を紹介しましょう。

「私、〇〇銀行の××と申します。この地域を担当しており、本日はご挨拶にお邪魔させていただきました。ところで御社は…」

これはありがちな自己紹介です。

「私、地元で店を構えて以来、30年になる○○銀行△△支店の××と申します。私は入社して○年目の若輩者ですが、少しでも地域のお客様のお役に立ちたいと、日々営業活動に力を注いでおります。本日は社長様にお目にかかれて大変光栄に存じます。これを機会に、ぜひいろいろとお話をさせていただきたいと思っております。ところで御社は…」

どちらが社長の印象に残って、本人の意欲も感じられると思いますか？　後のほうですよね。きっと「こいつなかなか見どころあるな」と思ってくれます。

もっと言うと「うちにもこんな営業マンがほしいな」とまで思ってもらえればベストです。どんな会社でもたいていは営業マンがいて、法人客や個人客を相手に営業していま す。社長にしてみれば、自分の会社の営業マンにはもっともっと頑張ってほしいと思っているところに、元気も意欲もある金融機関の営業マンがやってきたらどう思うと思いますか？「あーこの若い人、頑張っているな。うらやましいな、うちにもこんな営業マン、ほしいな」と思うはずです。

ぜひ皆さんもそう思ってもらえるような、ご自分の自己紹介を考えてください。

7 「ただの営業マンです」と言っていませんか？

自分のやっていることに健全な自負心を持つ

自己紹介をすると、ときおり「私はただの○○です」という言い方をする人がいます。日本人はもともと謙虚というか、奥ゆかしいところがあって、自分のことを謙遜して表現する傾向があります。それは日本人の美徳として大事にしたいところですが、一方で、自分には価値がないとか、自信が持てない、と思い込んでしまうのも困りものです。根拠のないうぬぼれや自信過剰は禁物ですが、自分が所属している組織がどんな組織で、自分がどういう人間で、どんなことをしているかにもっと自信と誇りを持っていいと思います。そしてその自分がやっていることに対して健全な自負心を持って、それをしっかりと実行していくことが、大切です。

私の知人に、日本とアメリカのハーフの方で、日米両国で人材紹介の仕事をしている方がいます。その方から面白いエピソードを聞いたことがあります。

転職を希望する人が自己紹介をする時の言い方は、アメリカと日本では大きな違いがあるそうです。アメリカでは、例えば洋服の販売員をしている人が自己紹介をすると、次のように話すといいます。

「私はコーディネートのプロフェッショナルです。私が洋服をコーディネートしたお客様は、皆、大満足でお帰りになり、シーズンごとにたくさんの洋服を購入してくださいます。こちらのお店でも必ず私のコーディネートのファンを作り、売上に貢献して見せます」

かたや日本では「私は販売しかやったことがありません」とか「ただの販売員です」とかおっしゃる方が多いそうです。

自信満々で自己紹介するアメリカ人が本当に売上を上げられるかは別問題で、少し割り引いて考える必要はありますが、日本人ももう少し自分のこと、やっていることについて自負心を持って前向きに表現したほうがいいんじゃないか、とその方は言っていました。

私もそう思います。

自分で何をしたいか定義付けて言葉にして実行する

それに、「ただの○○」と思ったり、言っていたりしては、本当に「ただの○○」の人になっていきます。自分のことを、ただの販売員と言っている人はただの販売員で終わりますし、ただの営業マンと言っている人は、そのとおりになっていきます。

いつも良い言葉を使っていれば必ずそのとおりになるなどとは、さすがに私もそこまでは言えませんが、逆に悪いことを言っていてはそのとおりになる、ということは言えると思います。自己暗示にかかってしまうというか、自ら成長することをストップさせてしまうことになるからです。こんなもんでいいや、と心のどこかで思ってしまうのですね。

ただし単なる自信過剰や口で言うだけではなくて、日々実践、実行していくことが何よりも大切です。自分が何をしているのかを定義付けて言葉にして実行していくことで、それに向かって自分が成長していくことができますし、徐々に周りの人もそれに触発されて、一人ひとりが健全な自負心に目覚め、強い組織、強いチームができ上がっていくものと思われます。その意味でもしっかりとした前向きの自己紹介を行ってください。

8 社是や経営理念はこう褒める

キーワードは熱意

会社の入り口や社長室に社是や経営理念を掲げている会社がたくさんあります。社是や経営理念は社長の思い入れも深いもので、会話で取り上げている方も多いのではないでしょうか。でも単に「すばらしいですね」と褒めるだけでは、ほかの金融機関の担当者と同じで差がつきません。社是、経営理念を話題にするのでも人とは違ったやり方をやってみましょう。

例えば「いかなるときも熱意を持って取り組む」という社是を掲げている会社があったとします。「熱意」がキーワードです。

そんな時私なら、

「松下幸之助さんの言葉に『知識なり才能なりは必ずしも最高でなくてもいい。しかし熱意だけは最高でなくてはならない』という言葉があります。私も常日頃から熱意を大切に仕

事をしています。御社の社是と通じるところがあって感激しました」

と言います。

単に「良い社是ですね」と褒めるのではうわべだけの社交辞令的な印象になります。でも、偉人の言葉と社是のキーワードを重ねて、自分も好きな言葉です、と言えば、本当に心から共感しているように伝わります。

別の例で「社会に希望を発信する」という経営理念の会社があったとします。キーワードは「希望」です。そのときは、

「ナポレオンの言葉に『リーダーとは希望を配る人である』という言葉があります。私はまだリーダーと言える立場ではありませんが、いつか周りに希望を配る人間になりたいと思っています。社長さんはすでにそれを実行なさっているのですね」

と話します。

こう言って、会社の社是や経営理念をメモさせていただければ、社長はどれほどあなたのことを身近に感じ、信頼してくれるでしょうか。たぶんほかの金融機関担当者との違いを感じ、一目置いてもらえる存在になるはずです。

社是や経営理念に使われるキーワードはけっこう限定されています。「熱意」や「希望」のほかに「絆」「貢献」「感謝」などです。これらのキーワードが入っている偉人の名言を自分の中にストックしておき、会社に合わせて使っていきます。

偉人の名言をまとめた本やウェブサイトはたくさんありますので、ご自身の気に入る言葉を探すだけではなく、渉外活動で使うためにも、ぜひご覧になってみてください。

ただし、注意していただきたいのは、現役の経営者や政治家の方の名言は避けたほうが無難です。現役の方は、まだその評価が定まっていませんし、社長があまり評価していなかったり、嫌っている場合もあるからです。

主要取引先の経営理念を支店内で発表する

取引先の経営理念に関して、ある金融機関の支店では、こんな工夫もしています。

主要な取引先の社長に経営理念に込められた想いや決めた経緯を担当者がヒアリングし、支店の朝礼で支店の全職員の前で発表します。社長には「当支店の大事なお客様である御社の経営理念を支店でご紹介させていただきたいので、詳しく教えてください」とお願いします。社長はとても喜んでくれるそうです。

また、社長が喜んでくれるだけでなく、支店内にも好影響が及びます。預金係や為替係などの内勤の職員は通常、主要取引先ということは知っていても実際にどんなビジネスをしているのかや、社長がどんな人なのかはあまり知りません。朝礼の場で会社の経営理念を担当者が紹介することで支店全体で主要取引先のことをもっと知ることができ、感謝の気持ちを持って、仕事をすることにもつながってきます。それに支店の一体感を高める効果もあります。

もし皆さんの支店で朝礼がマンネリ化していたり、何か新しい趣向を取り入れたいという話があったら、主要取引先の経営理念の紹介をぜひ取り入れてみてください。

第３章

新規先への
アプローチ

1 新規先では失うものは何もない

変なプライドは捨ててしまおう

次はいよいよ新規先へのアプローチに入っていきます。

皆さんは、新規先、既存先、既存先からの紹介先とあったら、どの先に行くのが、一番気が重いですか？　多くの方、たぶん渉外担当者の9割以上の方は、新規先に行くのが一番気が重いとお答えになるはずです。

新規先に行くのが気が重い、気軽に行けない、というのはどうしてでしょうか。おそらく、「何だか恥ずかしいな」とか「断られたら嫌だな」、あるいは何を話していいか分からない、もしくは変なプライドが邪魔している、というのが大きいのではないでしょうか。

でもその気持ちさえ捨ててしまえば、これほど気軽に行ける先はないと思いませんか。なぜなら、失うものは何もないのですから。新規先でいくら恥をかいても、嫌な顔をされても、万が一怒られても、個人的に失うものは何もないですし、金融機関としても失うものは何もありません（あまりにも対応が悪いと評判を落とす可能性はありますが…）。そう考えると本来は一番行きやすいのが新規先です。

とはいえ、私も新規先に行く時に尻込みしていた時期がありました。頭では分かっているのだけど、ドアの前でウロウロしていつまでもドアをノックできないのです。そんな時は、自分に気合を入れるために、ハウンド・ドッグの「ffフォルティシモ」というとても元気、勇気が湧いてくる歌を口ずさみながら、新規先に入っていきました。皆さんも野球や格闘技の入場のテーマソングみたいに、自分がスイッチの入るものを見つけておくといいかもしれません。

あなたと同様に、他の金融機関の担当者の大半が新規先に行くのは苦手、気が重いと思っているのです。あなただけ気軽に行けるようになれば、それだけでも大いに差がつきます。

怒られたら笑っておく

新規先の中には、会社の入口や受付に「セールスお断り」とか「新規銀行、お断り」と張り紙をしている会社もあります。この張り紙を見たら、皆さんはどう思ってどう行動しますか。「行っても無駄だから訪問はやめよう」たぶん９割以上の人がそうすると思います。

でもこれって実は9割のライバルがその時点で脱落していることになります。扉を開ける勇気のある人にとってはとてもラッキーなことです。あなたは脱落する9割になりますか、それともチャレンジする1割になりますか。社長に「張り紙が見えなかったのか！」と言われたらにっこり笑って「すいません、見落としました」と言えばいいだけです。怒られたって失うものは何もないのですから、時には図々しいくらいに大胆に行動しましょう。稟議決済前の融資の確約さえしなければ、新規先で失うものは何にもありません。

既存先は失うものがありますから、本来、慎重にいかなければならないですし、紹介先は、さらに大いに慎重になるべきでしょう。紹介先は、単なる新規先よりも獲得できる可能性は高いですが、下手をすると、既存先の信用、信頼を失う可能性もあります。時間を守れなかったり、約束を守れなかったりという基本的姿勢の場合もあれば、会社の内容が芳しくなくて、融資を断らざるを得ない場合もあるでしょう。そんなことがあると、間違いなく、紹介してくれた既存先の社長の耳にも入ります。

ですから、より慎重に、誠実に対応したほうがいいですし、紹介先であっても、きちんと本当に相手の役に立つ、相手にメリットのある提案ができるように力を尽くしましょう。

2 新規先とのファーストコンタクト

3分だけでも時間を作ってもらう

新規先の初回面談、ファーストコンタクトについての注意事項です。これは既存先でも取引が疎遠になっているのだけれど、これから攻めたい先にも使えます。

まず、初回面談は20～30分で十分、忙しそうなら3分でもＯＫです。せっかく面談できたのだから、いろんな話がしたいし、次に会ってもらうチャンスがいつ来るか分からないので、なるべく長く話したいと思ってしまうものですが、それはあまりいいことではありません。

その理由は、人は1回で2時間話すよりも、4回×30分のほうが親近感・好感を持つからです。トータルで同じ2時間話すとしても、1回よりも、何回かに分けて接触したほうが相手に対して親近感や好感を持つ、という研究結果が出ています。

これはアメリカの心理学者のザイアンスという方が発表した理論で、「**ザイアンス効果**」

とか「**単純接触効果**」と呼ばれています。1回だけ2時間も3時間も会った人より、毎日1分でも顔を合わせるコンビニの店員さんのほうが、何となく知り合いという気がしませんか。それと同じことです。1回の面談で長く話すよりは、なるべく接触する回数を増やすほうを優先させましょう。

接触はできれば直接の面談が一番効果的ですが、それが無理なら名刺とパンフレットを置いたり、電話をして留守ならメモを残してもらうなど、間接的な接触も活用しましょう。一度名刺を渡したからもう渡さなくてもいいや、ではなく、自分のことを思い出してもらう目的で名刺を置いて帰りましょう。

20~30分で十分という理由は、他にもあります。初対面の時は自分だけではなく、相手も疲れますし、長時間話すとこちらの手の内を全部さらしてしまう可能性が出てきてしまいます。それに早めに切り上げたほうが余裕が感じられるという効果もあります。

社長もいろいろな金融機関や他の業種の営業マンが新規、既存含めてやってきて、いろんな売り込みを受けています。何か無理に押し付けられるのでは、と不安にも思っていま す。時間を早めに切り上げたほうが、意欲はあるけどガツガツはしていないよ、という印象を与えることができます。

またプライベートでもよくあるように、長居をすると「相手の都合を考えないヤツだな」と思われてしまいます。「また会ってやってもいいかな」と思わせるなら、ちょっと話し足りないくらいがちょうどいいものです。

ただし、何か重要な案件があって、条件を決めたり、しっかり話をしなければいけない時などは、時間の許す限り話をしてください。

3 次回アポ取りの可能性を高めるマジックフレーズ

迷惑か迷惑でないかを確認する

新規先に行ってドアを開けて、一番手前に座っている人に、「社長さんにお取次をお願いします」と言ったら、奥の机に座っていた社長が、面倒くさそうに立ってきて、何とか名刺交換だけできました。でも、「今は忙しいから勘弁して」「うちに来ても無駄だよ」「今のところ間に合っているよ」と言われてしまったら、皆さんはどうしますか。新規先に行くとこのように迷惑そうにされたり、居留守を使われたりすることが多々あります。

そんな時「そうですか、すいません」と言って引き下がるのか、それとも、何とか本格的な面談につなげられるような切り返しをするのか。この違いは業績にずい分と大きな差を付けることになります。

このような場合には、面談の可能性を広げる言い方があります。

「本日は、社長様のお名刺を頂戴できただけでも光栄です。では、改めてアポイントを入れさせていただいたらご迷惑ですか?」と聞いてみてください。「ご迷惑ですか」と聞いて

「迷惑です」とハッキリ言われたら、もうその会社はスッパリとあきらめましょう。

普通の常識的な社長であれば「迷惑ってわけではないけど、取引するつもりはないから、時間の無駄だよ」のように返してきます。そうしたら「すぐにお取引が難しいのはよく理解しておりますので、ぜひ、短時間でかまわないのでお話だけでもさせていただきたいと思います」というような切り返しをします。「そこまで言うんだったら」と多くの社長は言ってくれるはずです。

もちろん、それで100％ＯＫにはなるわけではありません。でもこれを言わないと再会できる可能性は限りなくゼロに近いですが、これを言えば、3～4割まで再会の可能性は高まります。

そしてすぐにアポイントの日時を決めます。その場合、

「ご訪問の日時ですが、いつがご都合よろしいでしょうか？」と言うのと、

「例えば火曜日の10時ころか、水曜日の午後1時ころではいかがでしょうか？」と言うのとどちらがいいでしょうか。2番目のほうですよね。「いつがいいですか」と言った場合は、「忙しくてしばらく無理。都合がよくなったらこっちから連絡するから」と言われる可能性が高く、結局連絡をもらえないことになりがちです。

そこで、具体的な日にちを言うのです。こちらのほうがＯＫをもらいやすいのです。も

しその日がダメなら、「木曜なら空いているよ」となる可能性も出てきます。

担当者　かしこまりました。
社　長　今は忙しいから勘弁してくれないかな。
担当者　お名刺をいただき、ありがとうございます。
これから少し、お話をうかがうお時間を頂戴できませんでしょうか。
社　長　迷惑じゃないけど、あんまりいい話はできないよ。
担当者　本日は、社長様のお名刺を頂戴できただけでも光栄です。
では、改めてアポイントを入れさせていただいたらご迷惑ですか？
社　長　分かったよ。
担当者　それでも結構です。ぜひ今度お話だけでもさせてください。
社　長　火曜も水曜も詰まっているけど、金曜ならいつでも大丈夫だ。
担当者　ご訪問の日時ですが、来週火曜の午前中か、水曜の午後はいかがでしょうか？
社　長　分かった、空けておくよ。
担当者　承知いたしました。金曜日の10時にお邪魔させていただきたいと思います。
担当者　ありがとうございます。では失礼いたします。

　このようなトークでアポ取りをしてください。何も遠慮することはありません。会社や社長の役に立つために渉外活動をしているのですから、自信を持って堂々とアポをいただきましょう。

4 どうしても会えない先への工夫

自分なりの事業プランを持っていく

何度訪問してもガードが固くて、どうしても社長に会えないというケースもあります。そんな時にどうするか。特に最近は、出入りするのにセキュリティが厳しかったり、受付に電話が置いてあるだけで人がいなかったりというケースも増えています。

受付に電話が置いてある場合だと特に「アポイントのない方はお断りです」と3秒で終わってしまうこともあります。それほど大きな最新鋭のビルではなくても、そんなビルが増えました。

そういう場合、どうやって突破すればいいでしょうか。関東地方の銀行でこの話をしたら、ある渉外担当者が教えてくれた方法があります。

まず会社のホームページを見て、会社の研究や業界動向を調べて、その会社がこれからどんな方向でビジネスをしていったらいいかを自分なりに考えて、自分なりの新規事業のプランを作ります。そうして電話を入れて、社長にそれをプレゼンさせてくださいと頼むというのです。

たいていは良くても郵送してくださいという話になるそうですが、郵送で送って後日改めて電話をすると、送ったうちの何割かは実際に社長が会ってくれるというのです。確かにこのようなアプローチをしている金融機関担当者は少数でしょうから、社長も大いに興味を持ってくれるでしょう。ただ、この方法は非常に手間暇がかかりますし、全部の先にできるわけではないので「これぞ」という先、本当に取引したい先だけにやっているそうです。

5 交渉相手を変えてみる

経理部長がダメなら営業関係者を攻める

経理担当者とは名刺交換はできたけれど、のらりくらりかわされてしまって、なかなか具体的な話にならない、社長を紹介してもらえない、ということもあると思います。

そんな時は交渉相手を変えてみます。特に営業マンや営業部長あたりを攻めてみるのです。私はけっこうその手は使いました。

例えば、私が新規で訪問していた会社で東京都内で法人向けにオフィスの事務用品を販売している会社がありました。大手事務用品メーカーの販売代理店のような感じです。何度か訪問して経理部長とは面談できるのですが、実権者の社長とは面談させてもらえません。訪問のたびに名刺とともにパンフレットや資料を持参して社長に渡してもらうようにお願いしましたが、渡してくれているのかあやしいものでした。

ある日、再度訪問するとたまたま経理部長が不在で私はどうしようかと社内を見回しました。

オフィスには営業マンもたくさんいて、その奥のほうには営業部長らしき人がいらっしゃいます。受付の方に「あの奥の方は営業部長さんですか」と聞いてみるとそうですとおっしゃるので、「ちょっとお名刺交換だけでもさせていただけませんでしょうか」と申し出たら、受付の方が営業部長のところに行って、名刺交換の了解をいただいてくれました。さらにイスに座って話もできたのです。

当時は私もまだ20代で、先方はベテランの営業マンですから営業マンとしての心構えなどを教えていただくような感じだったのですが、気に入っていただけたようで、銀行関係は自分は担当外だからどうしようもないけど頑張りなさいよ、という感じで話してくれました。それからも時々顔を出して、営業部長とも挨拶くらいはしていました。

手詰まりになったら何でもしてみること

そんな時その会社では、隣の県に営業所を新規で出すことになって、できれば自社でビルを持ちたいという話になったそうです。私がいた銀行がその進出先の県に強い銀行だったので、ある日営業部長から、何かいい物件があったら紹介してくれと言われました。

そこで、銀行に関連の深い不動産会社や、債務者で不動産を売りたがっている会社の物件などをいくつかピックアップして営業部長のところに持って行きました。その過程で社長の紹介もしていただきました。

うまい具合に紹介した物件の中に条件に合うものが見つかって、購入することになったのですが、物件を紹介したことから、購入費用の融資につながりました。

たぶんあのまま経理部長だけを攻めていたら、物件紹介の依頼もなかったでしょう。営業所の開設の責任者は営業部長だったので私に声を掛けてくれたのです。しかも進出先が自分の銀行の強いエリアという幸運もあって、大口の新規先を取ることができました。

経理部長をすっ飛ばして、というか脇に置いて、他の担当部長と懇意になるのは、経理部長にとっては面白くない面もあります。実際に私も経理部長から「渋井さんは○○営業部長のお気に入りだからね」と冗談交じりに皮肉を言われたものです。でも新規先なら失うものはないですから、手詰まりになったらいろいろと思い切ったことをやってみましょう。

6 ネガティブなことを言われた時の切り返しトーク

新規先に行く時は何をやっている会社かは把握しておく

交渉の入り口段階での断りの決まり文句のようなものですが、「今、付き合っている銀行で十分間に合っているよ」と言われることも多いと思います。そんな時とっさに切り返しの言葉が出るとアプローチもしやすくなるはずです。

ここで紹介する切り返しトークは基本的なことなので、皆さんも似たようなことをおっしゃっているかもしれませんが、今一度、確認しておきましょう。

「○○銀行さんはいい銀行さんですから、ご満足されていらっしゃるかもしれませんが、私どもも負けずにいいご提案をさせていただきたいと思っております」

「ただ、私ども金融機関は、お客様のご商売の中身をうかがってからでないと、具体的なご提案が難しい部分もございます。まずはいろいろと情報交換といいますか、業界や御社の

ことをご教示いただいたり、私どもにも地域の情報などがございますので、ぜひ少しでもそのあたりのことをお話しさせていただけませんでしょうか」

このような言い方で、まず無理に何か売りつけようとかしているわけではなくて、あくまでも最初は話をさせていただいて、ニーズがあればその上で、適切な提案をさせていただきます、と伝えるようにします。

次は新規先との最初の話の取っ掛かりの一例です。

「御社は○○業界とお見受けしましたが、最近の景気はいかがですか？」

こう言えば、いいとか悪いとかの返事があるでしょうから、そこそこいいと言われたら、

「それはそれは、ご盛業ですばらしいですね。ちなみに、どのあたりのお客様（商品）が特に好調なのですか？」

と聞きます。

悪い、イマイチと言われれば、

「各社様ともやはり厳しい状況のようですが、その中でお客様の開拓や新商品の開発などは、どのように進めていらっしゃるのですか？」

と聞きます。

当たり前の話ですが、新規先に行く時はある程度何をやっている会社か程度は把握しておきましょう。「お宅は何をやっている会社ですか？」と言って訪問するのは相手に失礼ですし、取引成立は望めません。

7 2回目訪問のネタ作り

知っていても知らないふりが宿題となることも

これまでの話が、社長と本格的に会う1回目の入り口の話だとして、次の2回目訪問にどうつなげるか、2回目訪問のネタ作りの話です。

1回目の訪問では、自己紹介をしたり、前述のように軽く業況を聞いたり、経営理念などを聞いたりしますので、何とか話す話題があります。

ただ、1回目の訪問でこちらの思いどおりにいく会社というのは、ほとんどありません。1回目で「取引してもいいよ」なんて言われたら、逆に何かあるのではないかと不安になります。業況が悪くて資金繰りが相当厳しかったり、反社会的な団体、時には詐欺的な活動をしている会社ということも考えられるからです。

通常は1回目で取引成立までは行きませんので、1回目ですべてうまくいかそうなんて考えずに、1回目の訪問は2回目訪問のネタを作ることに集中します。それが1回目の最重要事項です。ですから、会話の中で何でもいいから「調べて次回資料をお持ちします」と言えることがないか、神経を集中して聴きます。経済全般のことでもいいですし、業界のことでもいいですし、地域情勢でも、または社長の個人的な趣味のことでも何でもいいのです。社長が知りたいと思っていることがないか、小さなことでもかまいません。

それに場合によっては、１回目で手持ちのネタをすべて出さずに、次回のネタとして取っておくこともあります。

例えば、社長から聞かれて、自分がその場ですぐに答えられることがあったとします。でもそれをその場で答えてしまっては、２回目のネタにできません。知らないふりをすれば、２回目のネタにできます。つまり、宿題にすることができます。

「バイパス沿いに何か大きな建物が建っているけど、あれは何の施設かな」と聞かれて「あれはどこどこの本社ビルみたいですよ」答えてしまえばそれっきりですが、知っていたとしても「あっ、ちょっと分からないので、調べてきます」と言って、「何か気になることでもおありですか」と聴けば「いやあ、うちは企業向けの商売だから、あのビルがどこかの会社が建てているんだったら何かうちでも商売にならないかなと思っているんだ」というように返してくれるかもしれません。それにもし、ビルを建てている会社が自店の取引先なら、ビジネスマッチングや資金需要につながる可能性もあります。

そのように、何か無理矢理でも社長から宿題をもらえれば最高です。もうその瞬間に2回目の訪問の許可をもらったようなものですから、その日はもうそこで会社を出てきても大丈夫です。そして、帰店したらすぐに調べることを調べ、必要なら資料を作成します。とにかくここはスピード勝負です。完璧なものを10日間かけて作るよりも80%の完成度でもいいので、できれば翌日、遅くとも3日以内には再度コンタクトします。

準備ができたらすぐに電話をして「先日の宿題の件、分かりました。電話では何ですので、今日の午後、お邪魔しても大丈夫でしょうか」もしくは、電話しないでそのまま訪問してもいいでしょう。電話で全部用件が済んでしまっては仕方がないので、アポなしで行って、5分でも10分でも話をさせてもらえればそれで十分です。

それで関係作りができます。3回目は多分スムーズにアポをいただけるはずです。

問題は、どう注意深く聞いても、宿題がもらえないときです。社長があまりしゃべらなかったり慎重なタイプの方のケースでは、次のネタがなかなか見当たりません。でも2回目に手ぶらでいったり1回目の話の続きをするのも、社長も忙しいのにそれは失礼になってしまいます。

2回目訪問のネタをもらえない場合は、こちらで作るしかありません。オーソドックスなのが、相手の会社のホームページを見て、分からないことを質問する、商品や経営理念のことなどをいろいろと聞いてみる、それもいいと思います。

ただ、せっかく本書を読んでいただいているので、あまり誰もやっていなくて、しかも効果の高いやり方をご紹介します。

8 2回目訪問の切り札

独自の業界レポートを作ってみる

2回目訪問の切り札は、「**独自の業界レポート**」です。皆さんご自身が独自で作る業界のレポートです。訪問先企業の業界を調べて、自分で作ります。

業界レポートには、証券会社や投資顧問会社、各種調査機関などが作成した立派なものがあります。そのような出来合いの業界レポートでも良いのですが、社長にとっては「見知らぬ第三者が、不特定多数の人のために作ったもの」という色彩が強く、それを持っていってもあまりインパクトがありません。

それに対して、独自の業界レポートは「私が、社長のために作ったもの」という意味合いが込められています。誰だって、自分のためにわざわざ作ってくれたとなると、単純に嬉しいものです。プレゼントもそうですよね。手作りのプレゼントはもらって嬉しいものです。

そんなの簡単に作れないと思うかもしれませんが、内容はそれほど立派でなくても大丈夫です。出来合いのものよりも、内容は拙いかもしれませんが、効果は100倍です。

そうした情報をどこから手に入れたらいいかということですが、情報はネット、雑誌、本、新聞などにいくらでもあります。業種別の審査事典なども大いに活用できます。融資担当者は審査事典を審査に使えばいいですし、渉外担当者は渉外に使うのです。何も自分で立派な分析をしたりする必要はありません。ネットや本や雑誌に書いてある情報について体裁を整えてレポートの形にするだけです。

ただし、審査事典などを100％マル写しするのは、著作権上の問題もありますので、加工したり参考文献として表記しておきます。

レポートを書くのは目的ではなく、手段です。本当の目的は、2回目の訪問で社長に、「こいつは面白いやつだな」「他の金融機関の渉外とは違うぞ」と思ってもらって、1回目よりも突っ込んで商売の話をすることです。これは、既存先で取引深耕を図りたい先にも使えます。

レポートの例、フォーマットを載せておきます。このような体裁にして自分でパソコンを打って、レポートを作って、2回目の時に「**社長さん、御社の業界について、私なりに、業界レポートを作成しました。拙いものですが、ぜひご説明させていただきたいと思います**」といって面談を申し込めば、まず間違いなく会ってくれますし、突っ込んだ話も聴け

業界レポート例

株式会社○○
○○社長(部長)様

○○金融機関　○○支店
担当者:○○

・○○業界の市場規模の推移

・ビジネスの流れ

・主要プレーヤー

・顧客ニーズの変化

・今後の展望

・最近の新聞、雑誌記事(別添)

るはずです。

新規でも既存でも業界レポートを作って社長に渡すのをお勧めしていますが、これは、私が営業に出たころに優秀な先輩から教えてもらったやり方です。当時の私の担当先に小規模な旅行代理店がありました。前の担当者が新規開拓した先で、他行の融資の肩代わりから社長の個人取引、従業員の取引まで、大体全部やりきっている会社でした。そこまでやるくらいですから、前の担当者は社長にとても気に入られていて、次の担当者としては、やりにくい状況でした。

前の担当者が全部根こそぎ獲得しているし、そうそう資金需要もあるわけではない。行っても前の担当者と比べられているような気がして、だんだん足が遠のいてしまいました。

しばらく訪問していなかったら、ある日転勤した前の担当者から私に電話がきて「あの旅行代理店にぜんぜん行っていないだろう。さっき社長から、僕のところに電話が来たぞ」と言われてしまいました。あーやっちゃった、という感じだったのですが、隣で聞いていた別の優秀な先輩が、大体事情を察してアドバイスをくれました。その方に教えてもらったのが、この業界レポートです。

――あまり話題のない先や行く用事もない先でも、最低1ヵ月に1回くらいは顔を出さなきゃだめだ。話すネタがなかったら、自分で業界レポートを作って、持っていけ。社長も喜ぶし自分の勉強にもなるぞ――

と勧めてくれました。それがきっかけで、何かあるとこのレポートを作って、社長と話をするようになって、業界や会社のことなど詳しく聴けるようになったのです。いろいろな業界のレポートを作ってストックしていくことで、自分自身の知識も飛躍的に伸ばすことができます。社長との面談もスムーズに進みますし、自分自身のためにもなりますので一石二鳥です。ぜひ試してみてください。

9 販路開拓・新規販売先の紹介を依頼されたら

商談会やフェアには一緒に行く

新規先に行くと、取引開始の条件というわけでもないですが、販路開拓に協力してほしい、もっとストレートに新規の販売先を紹介してほしいと相手から言われることがあります。

多くの場合は、社長も難しいだろうと分かっています。その上で言ってくるのは、担当者の姿勢を見ているのです。もちろんできれば新規販売先を紹介してもらいたい気持ちもあるでしょうが、それ以上にこの担当者はどこまで自分の会社に本気で役に立とうとしているのかを見ているのです。

ですから、まず該当先がないか、新規販売先になるような先はないかを確かめます。それでいい具合に紹介できる先があれば、紹介すればいいですし、紹介先が見つからない場合もそれで諦めるのではなくて、何か代わりに有益な情報提供をしていけば、道が開ける可能性が残ります。

例えば、各種商談会や業界フェアなどで、自分の金融機関が関わっていないものでも幅広く情報提供すればいいのです。関係ないと思われる業界の商談会やフェアであっても、どう役に立つか分かりません。良い先の社長ほど他業界の動向にも目を光らせていますから、地域内で開催されるイベントやフェアの予定を押さえておいて、紹介していくのです。

主要なものは、地方新聞に出ているのでチェックしていきましょう。もし社長が興味を持っていて行きそうだったら、自分も一緒に行くよう調整してみることです。「私も興味があるので、ぜひご一緒にどうですか」となれば、社長との距離も一気に縮めることができます。

ピント外れでもかまわないから提案してみる

販売先が見つからなければ他の何かを紹介することにもなります。卸売業の会社であれば、普通は販売先になる小売業の会社を紹介してくれということですので、該当先がない時には、思い切って小売業で会社そのものの売りが出ていないかを探します。こういうケースを川下への進出、川下のM&Aと言います。

これは、ある地銀での話です。渉外担当者向けの研修で講義が終わった後に、ある参加者から個別に相談がありました。その人が新規で回っている会社の中にビルメンテナンスで使う器具や薬品を卸している会社があって、売り先を紹介してくれと言われていたそうです。売り先はビルメンテナンスの会社になります。自店の取引先に1先だけビルメンの会社があって、そこの社長と話をしたそうなのですが、こちらはこちらで、社長が高齢で後継者もいないので、実はどこか同業の会社に引き受けてもらおうかと考えているところだというのです。ですから今は新規の仕入先を入れるようなタイミングではないと断られました。そこで、僚店の取引先まで範囲を広げているものの、うまく紹介できそうなところがなくて、手詰まり感が出ていると言います。そこで、何かいい知恵ないですかという相談でした。

私は、視点を変えて、新規先の社長に思い切って川下に進出するつもりはありませんかと提案してみたら、とアドバイスしました。卸売業はどの業界でも一般的に利幅は薄いですから、もともと社長の頭の中で、川下進出を考えている可能性もあります。それに、具体的に売りたいという会社もあるので、何も当てのない話ではありません。もちろん最終的にはビルメンテナンス会社の社長がＯＫしないといけない話ですが、新規先の社長に話を振ってみるのはぜんぜん問題ないです。

そんなアドバイスをしてから半年後くらいにまたその銀行に行って、研修をさせていただきました。前回と同じ内容の研修だったのでその相談してくれた担当者は出席していませんでしたが、同じ店にいる別の渉外担当者の人が参加していました。その彼からの伝言を伝えてもらいました。

あの後、新規先の社長に、「ビルメンテナンス業務に進出するつもりはありませんか、もしかしたら売りたい会社を紹介できるかもしれません」と言ったそうです。そうしたら、やはりその社長も頭ではそのことを考えていたらしくて、話を進めてみようかということになりました。ただ、ビルメンテナンスの社長が、どうしても同業社に売りたいという気持ちが強くて、M&Aは成立しなかったのですが、その銀行の担当者は、親身に考えていると評価されて、新規取引が成立したそうです。

イベント情報や川下進出にしろ、社長はぜんぜんそんなつもりはなくて、ピント外れだなと思われても別にいいのです。新規先は何も失うものはないです。「こいついろいろ考えて、本気でうちと付き合いたいんだな」と思ってもらう、こちらの熱意、本気度が伝わることが大事なことです。いろんな話を持ちかけているうちに、社長が評価してくれたり、実際に紹介したことがうまくいくことも出てきますから、アンテナを高くして情報を集めたり、頭をひねって何か話を持っていけないかなといろいろ考えてみることです。

第４章

既存先との取引深耕

1 必要な用事を済ませるだけでは取引深耕はできない

社長に会って事業について聞いてみる

本章は、既存先との取引深耕をどうしていくかという話です。

既存先は、ある程度付き合いが長くなってくると、取引が硬直化してしまう傾向にあります。変な失敗をしなければ、そこそこの付き合いは続けられますが、それに安住していては、特に優良先の場合には、取引の発展は望めません。ですから、いつも必要な用事だけで済ませている既存先については、その社長と一度しっかり話をしてみることです。

手形の書換えや、保証協会の申込みなどで頻繁に顔は合わせているものの、商売のことをあまりしっかり聞いたことがなかったという先を、どなたでも1つや2つはお持ちだと思います。加えて、いつも経理担当者や社長の奥さんとしか接触していないという先もあるでしょう。

そんな時に面談してもらうには、どうしたらいいでしょうか。

普段窓口になっている経理担当者や奥さんに「何で改まって社長と話がしたいの？」と

言われたら次のようなセリフでお願いしてみてください。

「せっかくご担当させていただきながら、なかなかしっかりとご商売のことをうかがったことがございませんでしたので、一度、お時間を頂戴し、業界のことや、ご商売のことをうかがうお時間をいただけないでしょうか」

　取引のある金融機関がこう言えば、よほどのことがない限り社長も時間を作ってくれます。また、面談で話す話題をどうしようかなと思ったら、ここでも業界レポートが活用できます。


　それから社長に会った時に必ずやっていただきたいのが、経理担当者を褒める、もしそれが奥さんなら、奥さんを褒める、会社を褒めるのです。

「経理の○○様には、いつも細かいお願いばかりしているのですが、スピーディに対応していただいており、私もとても助かっています」

　経理の方や奥さんが同席していてもしていなくても褒めておくことです。そうすると社長から本人の耳に入って気分が良くなります。何かあった時にあなたの味方になってくれるはずです。

　社長との面談の後日に経理の方や奥さんに会ったら、

「先日は社長様にお時間をいただき、いろいろと教えていただき、大変勉強になりました」

とお礼を言います。

そうすると経理の方は、社長にそれを伝えるでしょうから、社長としては、会ってよかったな、と思ってくれます。つまり、もう1回あなたのことをいい印象をもって思い出してくれるのです。日頃社長とあまりじっくり話をする機会がない先は、このようにして、しっかりと接触をしていきましょう。

訪問している先が何を作っているか知らない…

私がある金融機関の本部の審査部門の方とお話しした時に、こんな話を聞きました。関東地方の信金なのですが、正常先の継続稟議が本部稟議に上がってきました。正常先だけど、与信金額が大きくて本部稟議になっている先で取引ランク的には、サブメインの下です。

業種が電子部品の製造業ということで、支店の担当者に「具体的にどんなものを作っているの？」と聞いたら、「よく分かりません」と担当者が言うのです。事情を聞くと、社長の奥さんが経理の担当でその奥さんとだけ普段接触していて、社長はいつも隣県にある工場に行っていて、支店近くの事務所にはほとんど出てこない。作っているその部品も工場から直接相手先に納品しているので、普段通っている事務所には製品の現物がなくて伝票だけがきている。昔は事務所と一緒に工場があったものの、工場だけ隣県に移ったのです。だから、それこそ実態がつかめない。でも決算書をもらうと業績がいいので、継続の稟議も今まで問題なく通ってきました。

その本部の審査の人は「確かに表面上は業績は相変わらずいいようだけど、もしかしたら中身が変わっている可能性があるかもしれないよ。去年と今年で同じ20億円の売上で、1億円の利益が上がっていたとしても、客先が変わっていたり、製品の中身がまったく変わっていることもあり得るよ。それが今後の業績の変化の兆しになっているかもしれない。もっと良くなる兆候かもしれないし、逆に悪くなる兆候かもしれない。それが分かれば、何かビジネスチャンスにつながるかもしれないし、逆に債権管理を強化する必要も出てくるかもしれない」とおっしゃったそうです。

支店の担当者は、それは確かにそうだけど、そうは言ってもなかなか今さら社長に面談を申し込むのも、理由がなくてできません、というように言ってきたのです。

皆さんはこの事例をどう思いますか。せっかくお取引をしていただきながら、何を作っているのか分からない、というのは社長に対してとても失礼なことではないでしょうか。工場見学を兼ねて社長に面談を申し込めば、社長もきっと喜んで迎えてくれるはずです。

2 担当先への先入観をなくす

まずは自分で行って自分の目で確認

取引先の会社にまつわる情報、金融機関がつかんでいる情報には、2種類あります。1つは定量情報、これは決算数字や借入や預金残高、それに社員数というような、数字にはっきり表れる情報です。数字で測れる情報は客観性があって、基本的には動かない、誰が見ても同じ情報です。

一方で、定性情報というもあります。数字では表せない情報です。この定性情報には「**事実情報**」と「**判断情報**」の2つがあります。事実情報は、所在地がどこだとか、社長の経歴はどうだとか、過去に倒産歴があるとかないとか、特許を持っているとか実用新案を持っているなど、そんな動かし難い事実のことです。

判断情報は、誰かがその人の主観で判断して出した情報です。代表的なところでは、社長の性格であったり、あの会社はメイン銀行がガッチリ押さえていてランクアップは無理だとか、もしくは、昔、取引をしていたけれどトラブルがあってもう取引はできないはずとか、そんなふうに誰か、多くは前の担当者やその前の担当者が判断した情報です。でもそれって本当にそうなのでしょうか。そんなの本当かどうかなんて分からないです。判断情報は参考にはしますが、先入観を捨てて自分の目で確かめることが大切です。

特に先ほどの話のように、メインがガッチリ押さえているとか、もう取引できないから行ってもムダだというような話って数年前は本当にそうだったかもしれませんが、今は状況が変わっている可能性もあるのです。業績の話も、過去に苦しい時期があって取引が細くなったけれど、改めて行ってみたら業績が回復していることもあります。こんなに経済や社会の変化のスピードが早い時代には起こり得ることです。

自分で行って、自分の目で確認して、自分が手を尽くしてもダメだったら仕方ありませんが、実はまったく逆であったという例はいくらでもあります。

とりあえず挨拶だけしてみる…

一例を挙げてみましょう。私の銀行員時代2ヵ店目の時ですが、ビルの空調関係の工事をやっている工事業者がありました。建設会社の下請けのお仕事です。過去にトラブルがあって、融資取引は切れていたのですが当座預金は動いていました。ずいぶん昔のことらしく資料もなく、何のトラブルかは分かりませんでした。前任者は、「あそこは行ってもムダだから」と言って引き継ぎも、会社に入らないでビルの前の道路で済ませたくらいでした。

しかし口座は動いていますし、とりあえず挨拶はしておこうと思って訪問しました。社長と名刺交換はしたのですが、「お宅とは、昔、ちょっとあったからね」と言われてしまいました。私自身は会社や社長に対して悪い印象は持たなかったですし、商売の話でいえばきっと商手の割引のニーズは間違いなくあるだろうと思って、訪問リストに入れて再訪問してみました。その時は、社長がいなかったのですが、社長の席の隣にある経理担当の奥さんの机に、他行のファームバンキングの専用端末があるのを見つけました。今はパソコンですが、当時は専用機があって、それで振込などの操作をしていました。他行の専用機なのですが、他の銀行も相乗りできたのです。

そこで、奥さんに「これでウチの銀行の口座も動かしたり、残高照会もできるようになりますから契約しませんか」と話してみました。すると、社長と相談するということになって、後日契約してくださったのです。そのやり取りの中で、社長とも何度か話をしているうちに、昔のトラブルの内容が、うちの銀行で割っていた商手が不渡りになって、それを即座に買い戻してほしいと強く言われ、感情的なやり取りになったということが分かりました。金融機関としては、即時の買い戻しを要求するのは当然のことなのですが、あまりにも高圧的な態度で迫ったようです。それでお互いにしこりが残って、しばらくして、融資を他行に全面肩代わりされてしまったということでした。

社長と私でそんな話ができるようになったということは、取引再開できる状況までできたということで、最終的には、当初の目標どおり、商手の割引を獲得することができました。

前任者の判断情報を鵜呑みにしていたら、そうはならなかったはずです。先入観を持たないで、自分の目で見て考えることが大事です。

③ 3ヵ月間で担当先の全先訪問をしてみよう

訪問先に偏りがないか

皆さんは既存担当先のすべての社長の顔がパッと思い浮かびますか。また、半年以上会っていない社長はいませんか。もし思い浮かばない、半年以上会っていない社長がいる場合は、ぜひこれからの3ヵ月間で全先の社長と最低一度は会ってみてください。預金のみ先、保証協会のみ先を含めた全先です（ただし明確な理由があり、訪問不可先になっている先を除く）。担当先全先をきちんと定期的に訪問するのは、本来は当たり前のことで渉外担当者の基本動作です。でも実際にはその基本ができていない方も多いのです。

私が研修をさせていただいている中で、成果が上がっていない人の共通する特徴は、訪問先に偏りがあることです。行きやすい先、明確な用事がある先ばかり訪問し、行きにくい先、これといって用事がない先への訪問ができていない方がとてもたくさんいらっしゃいます。訪問先に偏りがある、特定の先ばかりに行っていては、情報収集に限界がありますし、提案件数も増えてきません。既存先の未訪問先を回ることによって、収集できる情報が格段に増えますし、１００先行けば、少なくとも必ず5～6先は提案できる何らかのニーズがあるはずです。

私が研修をさせていただいている銀行でこのお話をして、全担当先の社長と3ヵ月以内に面談することを実行してもらうことになりました。さらに3ヵ月後にフォロー研修を実施したところ、こんな成果が上がっていました。

・何とかして社長と会っていただこうと意識して活動していると、相手の社長の会いやすい時間を探るようになり、ムダな訪問が減った。

・あまり今まで当行と親しくない社長を訪問することで度胸がついて、新規先に行くのも怖くなくなった。

・預金のみ先の社長に「お宅の行員と会うのは数年ぶりだ」と言われたが、最初に口座を開いた時のきっかけをうかがうと、当時の支店長のことなど熱心に話してくれた。私の知らないところに当行のファンがいてくださったことに嬉しくなった。会社での資金需要はないが、個人の資金運用で他行から預け替えをしてもらった。

・個人事業主でマル保のみ先に訪問したところ法人成りしていた。いったん自己資金で完済し、法人で新たにマル保を申し込み、新規貸出先の実績になった。

・以前業績不振で融資が落ちた会社に訪問したところ、社長の会社は相変わらず苦しいようだったが、息子さんが設立したＩＴ関係の会社が好調との話を聞き、息子さんを紹介していただいた。その会社が新事務所を探していたので、当店取引先のビルを紹介したところ、成約を見込んでいる。保証金の融資も検討中。

今まであまり訪問していなかった会社に行くのは、気が引けるかもしれません。でもそんな先こそ何か役に立てること、成果につながるネタがたくさんあるものです。勇気を出して訪問してみましょう。

４ 決算書をもらったらどこを見て何を聴く？

まずは労いの言葉をかける

皆さんは、既存先の社長や経理の方から、決算書をもらうケースがあると思います。普段あまり社長は出てこないけど、決算書をくれる時だけは、社長が出てくる、ということもあります。

では、決算書をもらったとき皆さんはどうしていますか？　まさか、何も見ないでカバンにしまったりしていませんよね。それはとても失礼なことです。決算書は、その会社が1年間一所懸命に仕事をしてきたことの結果ですから、きちんと拝見して、何かメッセージを伝えなくてはいけません。

――皆さんは決算書をもらったら、まず最初にどこを見ていますか？――

この質問をすると、90％以上の方は「売上高、利益、借入状況」とお答えになります。

でも、それでいいのでしょうか。ほかの人と同じことをしていては差がつきません。

ではまず最初にどこを見るかというと、**「何期目の決算なのか」**です。それを確認して、今までの苦労と1年間の苦労を労います。そして私は社長の苦労を理解していますよ、そんな苦労をしながら、経営を続けている社長を尊敬しますという気持ちを伝えます。

「18期のご決算ですか。この経済状況の中で18年も経営をしっかりと続けていらっしゃるのは、すばらしいことですね」

こう言われたらたいていの社長は「俺の苦労を分かってくれているんだな」とグッときます。これは、3期目だろうが5期目だろうが10期、20期だろうが、赤字だろうが、黒字だろうが、どんな会社にも言ってください。どんな会社の社長も会社や社員を守るために厳しい環境の中で頑張っていますので、ぜひ言ってください。1年会社を維持するだけでも大変なことでたくさんの苦労があります。その苦労を分かる、理解できるのは金融機関の渉外担当者だけです。会社の中の人間も会社の外の人間も誰も、ほかに苦労が分かる人なんていません。社長は孤独な存在なので、ぜひ分かっていますよ、と伝えてください。

金融機関の渉外担当者の営業の参考書の中には、「決算書をもらったらその場で営業利益率をさっと計算して、業界平均と比べて高いか低いかを伝え、数字に強いことをアピールしましょう」と書いてあるものもあります。相手が大手企業の財務担当役員ならそれもいいかもしれません。でも中小企業の社長が相手なら私はそれには賛成できません。社長の立場からすると「何を若造が、こっちの苦労も知らないくせに偉そうなことを言いやがって」と思っているはずです。社長はおカネを借りている立場ですので、ムッときても顔に出しませんが、そんな言い方をされたらカチンときている人が多いはずです。

トークの続きは次のように進めます。

担当者　18期目のご決算ですか。この厳しい経済状況の中で、18年も経営をしっかりと続けていらっしゃるのは、すばらしいことですね。

社　長　そう言ってもらえると、嬉しいよ。

担当者　会社を続けられるのは、本当に大変なことだと思います。社長様のご努力にはいつも敬服しております。

社　長　○○さんも上手だね。

担当者　いえいえ、本当にそう思っています。ところで前期の全体的な営業状況はいかがだったでしょうか？

社　長　環境が悪い割には、まずまずだったかな。
担当者　主要なお取引先様に変化はございましたか。
社　長　けっこう新規の会社が取れたね。
担当者　それはよかったですね。（実際の場面では、もっと突っ込む）
前期と比べて伸びた商品は何ですか？
社　長　新しい商品が結構評判よかったよ。
担当者　（実際の場面では、もっと突っ込む）
ところで金融機関のお取引関係はいかがですか。
社　長　東西銀行さんが廃店したので、取引がなくなったんだ。
担当者　当面の資金状況はいかがでしょうか？
社　長　夏場までは問題ないかな。
担当者　それは何よりです。夏場以降でご融資のご入り用などございましたら、ぜひお声掛けください。私もお役に立ちそうな情報がございましたら、ご案内いたします。決算については、細かい部分で改めてご質問させていただくかもしれませんのでよろしくお願いいたします。
社　長　こちらこそ、よろしく。頼りにしているよ。

本書では皆さんにいろいろなトーク事例をお伝えしていますが、この、何期目かを見て、労いの言葉をかけるというのは、一番簡単なトークですが、効果が高いトークです。それに何のリスクもありません。これから決算書をもらう機会があったら、ぜひやってみてください。そして、その時の社長の反応を見てみてください。きっと喜んだ顔をしているはずです。

5 周年のお祝いと会社の誕生日のお祝い

取引先の設立日を把握しておく

決算書を見た時に、20期などとあったとします。つまり前期がその会社の20周年だったということですが、もし、前期中にそれに気が付かずに、お祝いの言葉をかけていなかったら、次のような言葉をかけます。

「前期は御社の20周年だったのですね。お祝いが遅れて申し訳ございませんでした。遅ればせながら改めてお祝いを申し上げます。おめでとうございます。御社の今後のますますのご発展をお祈りいたします。私も御社のご発展に少しでもお役に立てるよう、精一杯努めさせていただきます」

規模の大きな会社では「株式会社○○ 創立20周年パーティ」と銘打ってホテルで大々的にお祝いする場合もありますが、それはほんの一部の会社ができることです。多くの会社、日本の中小企業の多くはそのようなことはできず、社長が一人でひっそりと「今年で20年か」と思っています。それをきちんとお祝いしましょう。

金融機関は創立記念や支店開設○○周年となると、預金キャンペーンや紹介キャンペーンに熱心に取り組みます。いわばお客様に対して「お祝いをしてください」と言っているようなものです。でもお客様である取引先の会社の○○周年には無とん着です。ライバルの他行庫も同じなのであなただけお祝いを言えばそれだけで大きな差がつきます。

皆さんの金融機関では、お取引先の設立年月日は、顧客データに登録してあって、それが自動的に担当者に還元されるようになっているでしょうか。もし、なっていたら、設立日にお祝いを言いに行くのもいいです。設立日は会社の誕生日みたいなものですから、社長も意識している人が多いです。そんな日に訪問して、お祝いだけでも伝えれば、設立当初の苦労話とか間違いなく話してくれます。内容がよくて他行庫メインで普段はなかなか社長と会えない先でも、設立日に訪問して、「お祝いを言わせてください」と言えば喜んで会ってくれます。

もし、還元データがなければ、自分でリストを作って管理するのもいいですし、提案提言の仕組みがあれば、提案してみます。

6 社長一人ひとりをきちんと見る

皆が節税話に飛びつくわけではない

決算書をもらうということで、私は銀行員時代に大失敗をしたことがあります。初めて営業に出た頃の話ですが、ある中小企業の製造業でとても内容のいい会社を担当しました。売上が10億円くらいで、メインバンクがメガバンク、私のいた銀行はサブメインで何とかシェアアップをしたい先でした。

ある日、その会社に行くと、社長から決算書をいただきました。中身を見ると、とてもいい決算で税金を何千万円も払っていました。私はそれを見た瞬間に「何とか貸出案件につなげよう」と思って、「たくさん税金をお支払いですね、何か節税対策はお考えにならないのですか」と言ってしまったのです。その当時、20年以上前のバブル経済の時期で、収益力のある会社に何か償却資産を持っていただいて節税対策を勧めセットで融資をする、というのが流行っていた時期だったのです。

そうしたら、その社長が烈火のごとく怒りだして「日本で商売をしているんだったら、きちんと税金を納めるのが義務だろう」「それを税金を安くする方法を考えないかとは、何事だ」とおっしゃるわけです。

私が間違っていたのは、どんな社長でも節税話に飛びつくだろう、節税に興味のない社長はいないはずだ、と無意識のうちに考えていたことです。つまり社長一人ひとりをきちんと見ていなかったのです。

もちろん、個人の資産家の方であれば、特に相続絡みで節税を考えていたり、会社でも節税を考えている社長はいますので、節税の話をしてはいけないというわけではありません。相手の話をきちんと聴いて、ニーズがありそうならどんどん提案すればいいのです。

7 社長の何気ない一言に気を配る

「忙しいの?」と聞かれたら?

社長と話をしている中で、社長が何気ない一言を言うことがあります。単に話題の転換だったり、あまり深い意味なく言う場合もあるのですが、時には、その何気ない一言が、重要な意味を持っている場合もあります。

社長のセリフが5つ書いてありますが、これがどんな意味を持っている可能性があるでしょうか。

①最近忙しいの?

②新しい支店長ってどんな人?

③うちの金利、もう少しどうにかならない?

④前の担当の○○さんは今どこにいるの?

⑤窓口の○○さんはなかなかいい人だね

「①最近忙しいの？」と聞かれたら、皆さん何とお答えになりますか。

「いやー、支店の人数が減っちゃって、てんてこ舞いです」とか「投信や保険も売らなくてはいけなくて、大変です」など言っていませんか？　ついつい、そんなふうに返してしまいがちですが、ちょっと待ってください。もしかしたら、社長には、本当に言いたいことがあるのかもしれません。


「最近忙しいの？」という言葉には次の意味があることがあります。
・あなた最近、うちに来なかったね（若干の嫌味）
・他の業界や他の会社の景気はどうなのかな
・じっくり相談したいことがあるんだけど

１つ目は、何となく訪問頻度が落ちている先に久しぶりに行った時に言われるケースです。このような時は言いわけせずに「間があいてしまって申し訳ありません。これからはきちんと訪問させていただきます」と返事をしましょう。

２つ目は、金融機関は多様な業界のいろいろな会社と取引をしているので、情報を求められているケースです。社長は自分の業界の景気に興味を持っているのはもちろんですが、他業界や日本経済全体の景気動向も気にしています。守秘義務に留意しつつ、他業界の情報を提供しましょう。

特に大事なのは、3つ目の相談したいことがあるケースです。だから、「忙しいの？」と聞かれたら、暇とは言いにくいですから「いえ、全然ですよ」とか「ボチボチやらせてもらってます」などと、多少余裕があるように答えることです。「じゃあ、ちょっと相談に乗ってもらおうかな」ということが、少なからず出てくるはずです。

「ものすごく忙しいです」と答えては、じゃあほかの金融機関に相談しようと思われてしまって、せっかくのチャンスをみすみす逃してしまうかもしれません。これは、会社関係の取引だけでなく、個人取引でも同じようなことがあります。

「②新しい支店長ってどんな人？」というのは、転勤で来た支店長が、新任挨拶をした後で聞かれるケースがあると思います。これは、「新しい支店長がうちをどう見ているか少し不安だな」と社長が感じているシグナルです。社長は支店長が自分の会社をどう見ているのか、支店長の融資スタンスにとても敏感です。

こんなときは素直に「本部の審査部門から来たので、融資に厳しくなかなか稟議が通らなくて、私たちも苦労しています」などと言わずに、**「新しい支店長のことは、私もまだは**

っきりとは分かりませんが、頼りになりそうです」と返して支店長にすぐに報告し、早めの再訪問を依頼しましょう。

優良先の肩代わりは〝される〟ものではなく〝する〟もの

「③うちの金利、もう少しどうにかならない？」と聞かれたらそれはどういう状況だと思いますか？　年がら年じゅう「金利下げてくれ」と言っている先や、業績が悪くて四苦八苦している先は除いて、正常先や軽い要注意先くらいだと「他行がいい条件で肩代わりを提案してきているよ」という場合が少なくないのです。個人でもアパートローン先などでは気をつけたほうがいいでしょう。

ですから、「**今の状況では、金利の引下げは難しい部分があります**」とやんわり返して、「**何か気になるところがございますか**」とか「**他行庫さんの状況はいかがですか**」とか探りを入れてみます。金利の話は、滅多にそんなことを言う社長ではないのに話が出てきて「いや、できません」と言って放っておくと、1週間ほど経った閉店間際に突然口座に大きなおカネが振り込まれてきて、返済と担保の抹消を依頼される、ということが起こりかねません。いったんそこまで行ってしまうとひっくり返すのは容易なことではありません。「あの時金利のことを言っていたのはこのためだったのか」と思っても後の祭りです。

優良先の肩代わりはされるものではなくて、するものです。そういう話があったときには、必ず上司にも報告して、翌日帯同訪問してみたり、取引履歴に残しておきましょう。

「④前の担当者は今どこにいるの？」というのは、あんまり言ってほしくない言葉です。なぜなら「あなたはちょっと頼りないかな」と思われていることが多いからです。ですから「○○支店におりますが」と言った後に、**「御社とのお取引のことであれば、今は私が担当者ですので、私におっしゃってください」**と自信を持って言うことです。それから可能性は低いですが、前任者と社長の間で何らかの個人的なトラブルが発生しているケースも考えられます。一応上司の耳にも入れておきましょう。

「⑤窓口の○○さんはなかなかいい人だね」というのは、どういうシグナルか分かりますか。今はあまり多くないかもしれませんが、昔は金融機関の窓口の女性職員を取引先の社長が気にいって息子のお嫁さんにしたいというようなことが、けっこうあったのです。そういうシグナルです。

こういう時は、あまり個人的なことをしゃべらないで、上司に報告しておくのが無難です。上司はたぶんピンと来ると思います。その女性職員と自分が付き合っていて、しかも支店の人には内緒の場合は悩みますね。それは大きな決断のタイミングかもしれません。

いずれにしても、普段とは違う、何気ない一言というのは、深い意味を持って言っている場合もありますので、注意するに越したことはありません。

8 ビジネスマッチングは既存先への販売先紹介だけ？

既存先と新規先の組み合わせは４パターン

ビジネスマッチングは既存の取引先と既存の取引先、自店だけではなく、他店（僚店）の取引先も含めた既存先のマッチングというのが、オーソドックスな形だと思います。ところが、新規先まで視野を広げてみると、いろんなマッチングのパターンがあることが分かります。

既存先と新規先の組み合わせは４パターンあります。図の左側が売る側で、右側が買う側です。

①「既存・既存」、②「既存・新規」、③「新規・既存」、④「新規・新規」の４つがあります。

②③④のパターンまで意識して、マッチングできないかを考えるとネタの数を飛躍的に増やすことができます。

ビジネスマッチングの組み合わせ

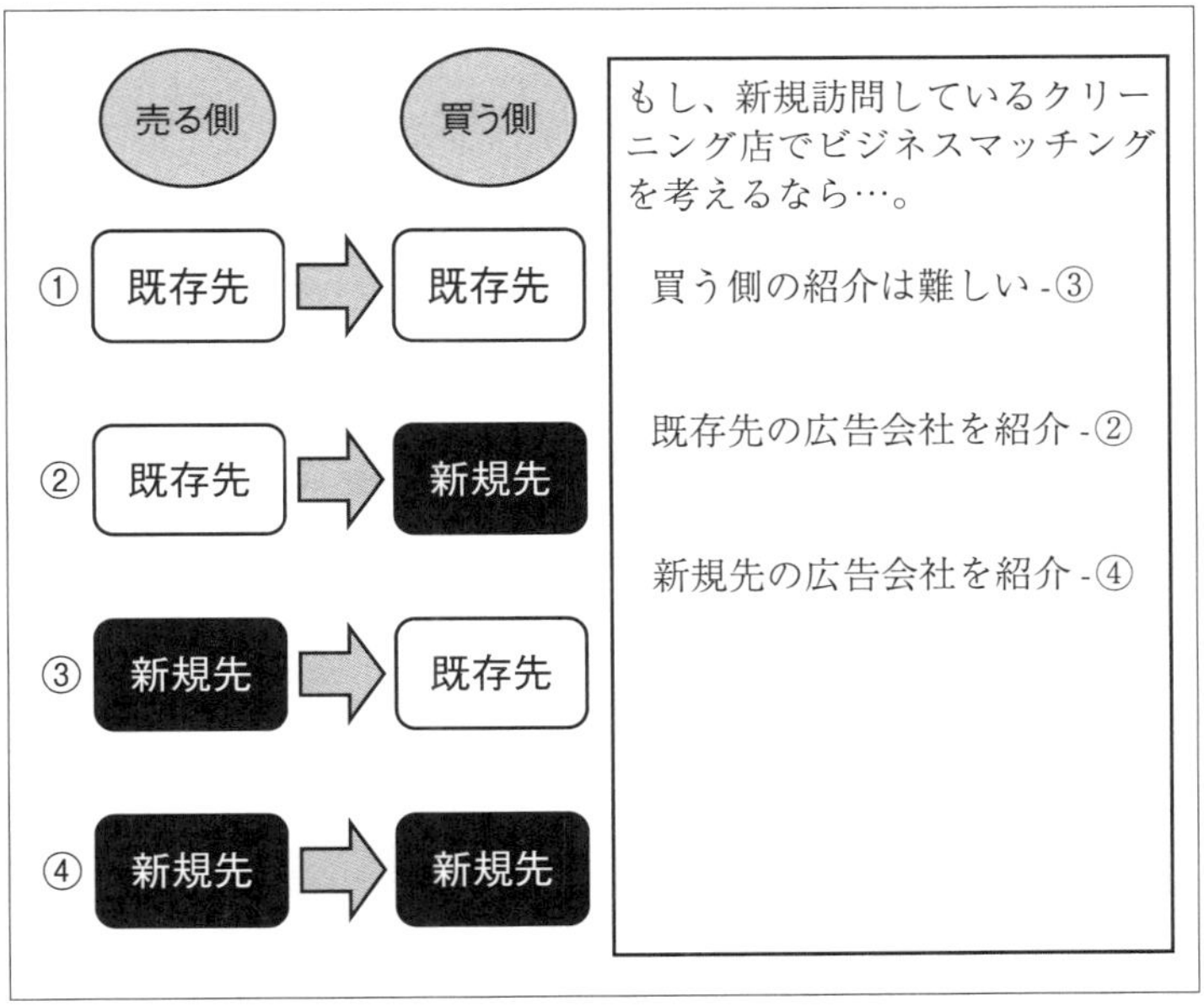

新規訪問しているクリーニング店にビジネスマッチングを提案するとしたらどんなことが考えられるでしょうか。

クリーニング店でマッチングするとなれば、一番最初に思い浮かぶのが、お客さんを紹介する、つまり買う側を紹介するということ。③のケースです。

ただ、個人のお客さんを紹介するのはちょっと難しいですし、法人関係でユニフォームとか、テーブルクロスとか、クリーニングを使っている会社を紹介するということも考えられます。しかし、そういう会社はすでに取引をしている業者があるので、なかなか簡単には紹介できないですし、紹介しても成立の可能性は低いでしょう。

そんなとき、クリーニング店の社長と話をしている中で、「チラシのポスティングとかは使ったことがありますか?」と聞いたら、「以前やったんだけど、あまり効果がなくて最近はやっていないよ。でも効果が見込めるなら、もう1回やってみてもいいかな」という返事があったとします。

そこで、皆さんの支店の取引先にチラシ作りとポスティングをやっているような広告会社があればそれを紹介することが考えられます。

これは、②のケースです。新規先を購入側、買う側に持ってくることになります。

マッチングや営業支援は、「対象先の売上を上げること」というイメージがあるかもしれませんが、それ以外にも経費削減だったり、経費は使うけどそれ以上に売上アップの効果が出る可能性があれば、（クリーニング店に広告会社を紹介するのはこのケースですが、）対象先が支払う立場でもぜんぜんＯＫです。とにかく、最終的にその会社にとって、利益の向上につながれば、立派なマッチングです。

さらに、皆さんの支店の営業地域に広告会社の未取引先、取引がない先があったらどうでしょうか。そのクリーニング店の案件をきっかけに広告会社を新規訪問することも考えられます。広告会社の社長に面談を申し込む理由もできます。ちょっとお客さんを紹介したいのですが、と言えばスムーズに面談に持ち込めます。

もちろんある程度、その広告会社の評判とか、しっかりやっている会社かどうかの周辺調査は必要です。評判も実績もよさそうだったら、クリーニング店に紹介すればいいです。これは④の「新規・新規」の組み合わせです。

だから、ビジネスマッチングは何も既存先に販売先を紹介するだけではなく、もっといろんな組み合わせが考えられるのです。皆さんもマッチングを考えるなら、既存と新規で、いろいろな組み合わせを考えてみてください。

9 社長のドラマを考える

会社の歴史を想像し次世代に引き継ぐお手伝いも金融機関の仕事

社長が100人いれば100人分のドラマがあります。会社を30年経営している社長なら30年のドラマです。金融機関の担当者が社長とお付き合いするのは通常長くてもわずか4～5年ですが、社長や会社の戦いはずっと長い間続いています。できればその長い戦いのドラマ、歴史を想像してみてください。それができれば社長ともっと懇意に話ができます。

ある金融機関の研修でこんな案件がありました。

既存取引先で酒屋を営んでいる会社があり、その会社では社長個人から会社へ5000万円の貸付をしていました。渉外担当者はその個人貸付を金融機関からの貸付にシフトするように提案。本部の専門部署の協力も得て、税務上の問題などもクリアできることが確認できました。社長はいったんは前向きな返事をくれたのですが、最終段階で自分が会社からリタイアするタイミングで実行したいと言ってきたのです。社長は70代の創業社長で、40代の息子さんが後継者で専務として働いています。社長は数年後に息子に社長を譲る時に実行したいという意向です。そこでどのように交渉を行っていけばいいかという案件でした。

詳しく話を聞くと、会社は酒屋ですが一般の酒屋とは少し違って、日本各地の地酒で生産量の少ない希少銘柄を仕入れ、高級飲食店などに卸している会社です。仕入れは社長が全国の蔵元を1件1件回って開拓し、今の業態を作り上げました。以前は一般の街の酒屋と同じように店頭で酒類を販売したり、地元の飲食店に卸していたそうです。

私はこの話を聞いて想像しました。この会社は高度成長期に創業し、経済発展とともに成長し、個人でも相当の資産を築いたのでしょう。ただ、消費者の嗜好が変化したり、コンビニが台頭してきたりする中で、普通の酒屋では収益が取れなくなって思い切って業態を変更したのではないでしょうか。業態変更の過程で、社長は相当な苦労をしたのだと思います。仕入先や販売先を開拓するために全国各地を飛び回って飛び込み訪問のようなことをしているはずです。何日も家を空けることもあったでしょう。それに新業態が軌道に乗るまではお金もどんどん出て行ったはずです。お金は高度成長期の業績良好な時代に貯えたものが社長個人にあって、それを取り崩しながら家族の生活や従業員の生活を維持していったはずです。それが会社への貸付金の5000万円となっていると思われますが、お金がどんどん減っていくのは、相当に不安で心細い思いもしたはずです。これは金融機関の職員としてぜひ理解しておきたいことです。

社長がリタイアするまで個人の貸付を残しておきたいと思った背景にはこんな事情が関係しているはずです。つまり、自分が苦労した歴史を会社に残しておきたいと思ったり、簡単に銀行から借入ができることで後継者の息子が商売を甘くみるようになるのを心配しているのかもしれません。そのような気持ちがあるのなら確かに銀行から借入をして個人に返済することは、今のタイミングでは見送りたいという気持ちも分かります。その気持ちは金融機関の担当者としては、尊重したいものです。

ただ、もしかしたら息子さんは社長が全国を走り回っているときはまだ学生で、社長はその時の苦労をしっかりと伝えていない、話をしたことがないのかもしれません。社長のそんな昔の苦労や今の気持ちを金融機関の行職員が受け止め、場合によっては社長から息子さんへ苦労や気持ちを伝える機会を作ってあげてみてはどうでしょうか。親子で一緒の会社だから何でもお互いに言い合っているかというと、決してそんなことはありません。

親子だからこそ言いにくい、言い出せないというのは、どんな家庭でもあるものです。

もしかしたらそれができれば、早いタイミングで個人貸付から銀行借入への切り替えもＯＫになるかもしれません。もちろんそうなれば業績にもプラスになりますが、そうでなくても、社長のドラマ、会社の歴史を想像し、次の世代に引き継ぐお手伝いをする、これも金融機関の仕事の醍醐味で、お客様にも喜んでもらえるはずです。

第5章

取引先の商売を知り
アドバイスが
できるようになる

1 社長と話をするために商売の仕組みを知ろう

商売の話を聴くためにベーシックな知識をインプットする

第1章で社長には商売の話を聴いたほうがいいということを分かっていただけたと思います。でも、どんなに聴きたい気持ちがあっても、商売の基本的なことを知らなければ、何を聴いたらいいか、どんな聴き方をしたらいいか分かりません。そこで本章では、社長に商売の話を聴くために、商売の基本的なこと、ベーシックな知識をインプットしましょう。商売の基本的なことが理解できれば、それを相手の業界や会社に合わせて、アレンジして、何をどんなふうに聴いたらいいのか分かってきます。

相手の商売を知る取っ掛かりとしてお勧めしたいのが、商売を〝見える化〟してみることです。次頁の図をご覧ください。

真ん中にあるのが、対象となる会社です。右側に商品やサービスを購入してくれる①顧

商売の見える化

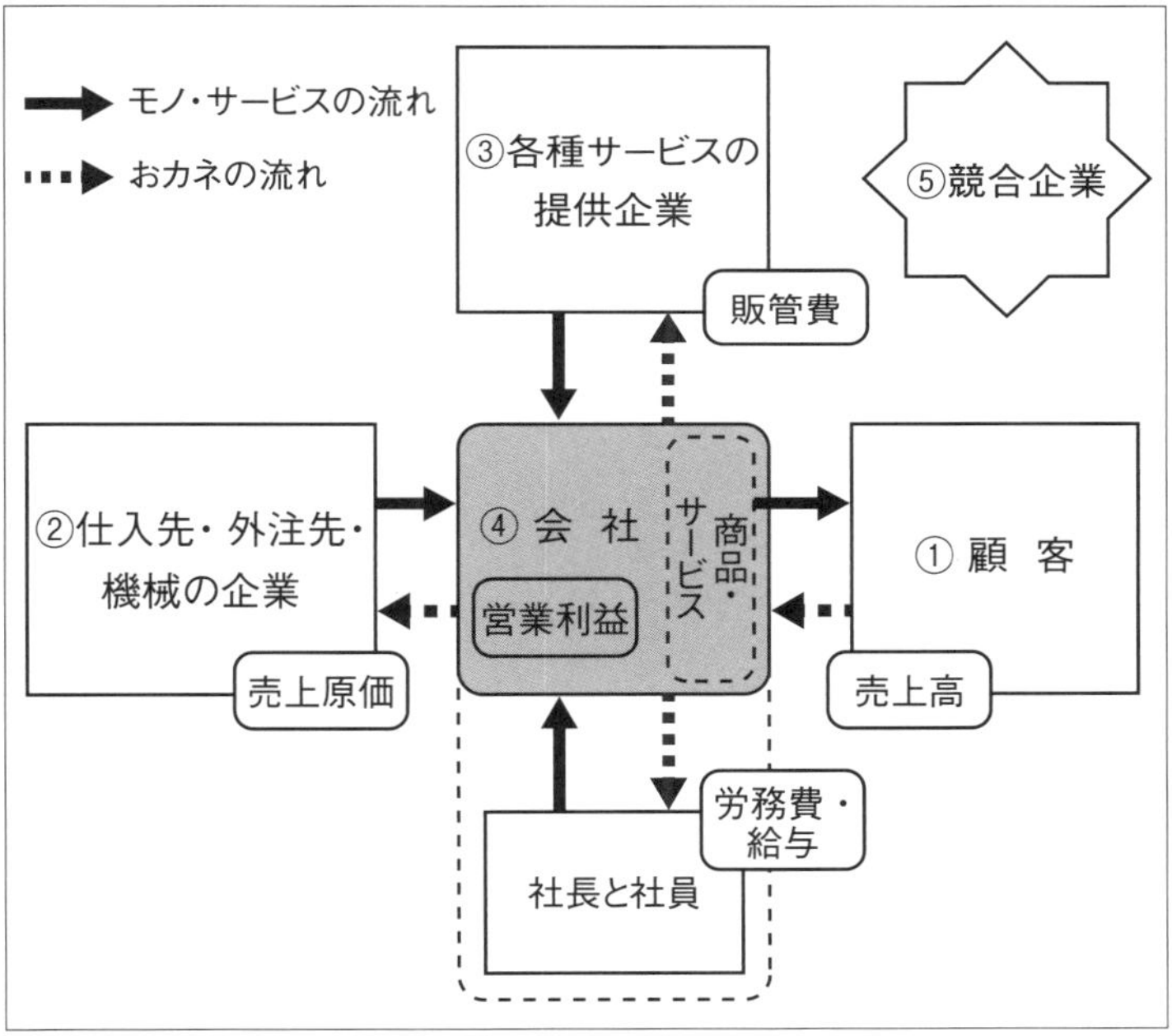

モノ・サービスの流れ
おカネの流れ
③各種サービスの提供企業
販管費
⑤競合企業
②仕入先・外注先・機械の企業
売上原価
④会社
営業利益
商品・サービス
①顧客
売上高
労務費・給与
社長と社員

客がいます。顧客は、法人だったり、個人だったりします。左側には②仕入先や外注先、それから工場の機械などを納入してくれる企業があります。この人たちは、商品やサービスを生み出すために直接的に必要なモノや技術を提供してくれています。

上には、商売を続けていく上で間接的に必要になってくる各種のサービスを提供してくれる企業（③）があります。具体的には電気や水道や広告会社やオフィスを貸してくれている家主や、消耗品を売ってくれる会社などです。

真ん中の会社（④）では、その会社が独自に持っている経営資源、人、モノ、カネ、情報を駆使して価値創造をし、顧客に商品やサービスを提供しています。社長や社員はその会社に労働力を提供しています。

顧客の近くにいるのが、顧客の奪い合いをしている「⑤競合企業」です。企業には必ず競合する企業、ライバル企業が存在します。

顧客は競合企業と比較して、自分のニーズにもっとも適した商品やサービスを選択して購入してます。図の中の実線矢印はモノ・サービスの流れで、破線矢印がおカネの流れになっています。これが商売の基本的な構図です。

これを決算書の損益計算書に当てはめると、どういうことになるか分かりますか？

顧客から会社に入ってくるおカネが「売上高」。仕入先や外注先に出ていくおカネが「売上原価」。各種サービスの提供企業に出ていくおカネが「販管費」。社長と社員に出ていくおカネが「原価の中の労務費や販管費の中の給与」総称して、「人件費」。顧客からいただいた売上高からいろいろな先に支払っていって会社の中に残るのが、何でしょうか。本業の儲けと言われる「営業利益」です。

決算書って文字と数字の羅列で、決算書を眺めていても、イマイチよく分からないという方も多いと思いますが、こうして商売を見える化してみると、利益がどうやって出てくるかがすごく実感を持って理解できるのではないでしょうか。ちなみに、競合企業は、決算書には直接登場はしませんが、売上高を上げたり、下げたりする影響を与えています。

2 聴きたいこと、聴けることがどんどん出てくる

見える化して整理するとヒアリングポイントが明確になる

こうして商売を見える化して整理すると、社長に聴くポイントが明確になります。

顧客について

・どんな顧客がターゲットになっているのか？
・既存顧客はなぜ当社を利用しているのか？　どこを評価しているのか？
・特に強い地域や顧客層は？　またその理由は？
・新規顧客の開拓はどうしているのか？
・当社の商品・サービスを利用していないターゲットは、どの会社（競合）を利用しているのか？　その原因は？

会社や商品・サービス、社長や社員について

・一番売れている商品・サービスは何か？　またその理由は？
・商品・サービスを開発する上で特に気を配っていることは何か？
・会社で自信を持っていることは何か？
・株主構成は？　役員構成は？
・社長の経歴は？　創業社長？　二代目社長か否か？
・従業員の部門別の構成はどうなっているのか？

仕入先や外注先、機械メーカーについて

・原材料は何を使っているのか？　支払い条件はどうなっているのか？
・部品はどこから仕入れているのか？　支払い条件は？
・外注先には、どんな工程を任せているのか？
・機械はどこのメーカーのものか？　値段はいくらくらいして何年くらい使えるのか？

各種サービスについて

・電気代や水道代はどのくらいかかっているのか？
・何か広告をやっているのか？　効果はどのくらいあるのか？

・オフィスや工場は自社物件かそれとも賃貸か？

競合企業について

・競合にはどんな企業があるのか？
・競合の強みと弱みは何か？
・競合が当社の顧客に営業攻勢をかけていないか？
・競合の顧客を奪うことを考えているのか？

こんなことが聴けるよな、聴きたいよなということがジャンルごとに整理できます。これを発展させて、具体的なセリフとして顧客や会社のことについて聴くなら、次のようになります。

「お取引先様はどんな会社さんが多いのですか？
○○業界の会社さんでしょうか？」
「お取引先様の構成は、ここ数年来変化していらっしゃいますか？
元気のいいのはどんな会社さんですか？」
「お取引先様が御社の商品（サービス）をご評価されているのは、

特にどのような点がポイントでしょうか？」

「御社の商品（サービス）のもっとも売り（強み）になっているのはどんなところですか？」

「商品（サービス）を開発されるのは、ご苦労が多いのでしょうね」

「従業員様は、開発部門（営業部門）のほうが多いのですか？」


例文では比較的丁寧な言い回しになっていますが、相手によってはもう少しざっくばらんな言い方にしてもいいです。

こういう言い回しは、言い慣れないと、なかなかとっさに出てこないものですから、普段から誰かを相手にして練習しておくといいと思います。

3 具体的な業種で考える

新規先は事前に質問を準備しておく

では、次に具体的な業種で、商売を見える化するとどうなるのか、そこからどんなことが聴けるのかを見ていきましょう。

題材に取り上げるのはクリーニング店です。クリーニング店は誰でも知っているし、日頃ワイシャツやスーツをクリーニングに出して、個人的に利用している方も多いと思います。身近なご商売です。その商売を見える化したのが、次頁の図です。

右側の顧客としては、営業地域があって、法人、個人で言えば、個人のお客様が中心でしょうが、中には、会社のユニフォームだったり、レストランのテーブルクロスなどで利用している法人のお客様もいるかもしれません。店頭で受付する、集配で受付する場合があるでしょうし、既存客のほかに、新規顧客も大切です。

左側の仕入先等の関係だったら、機械類や洗剤類、それにハンガーやビニール袋、営業

クリーニング店のケース

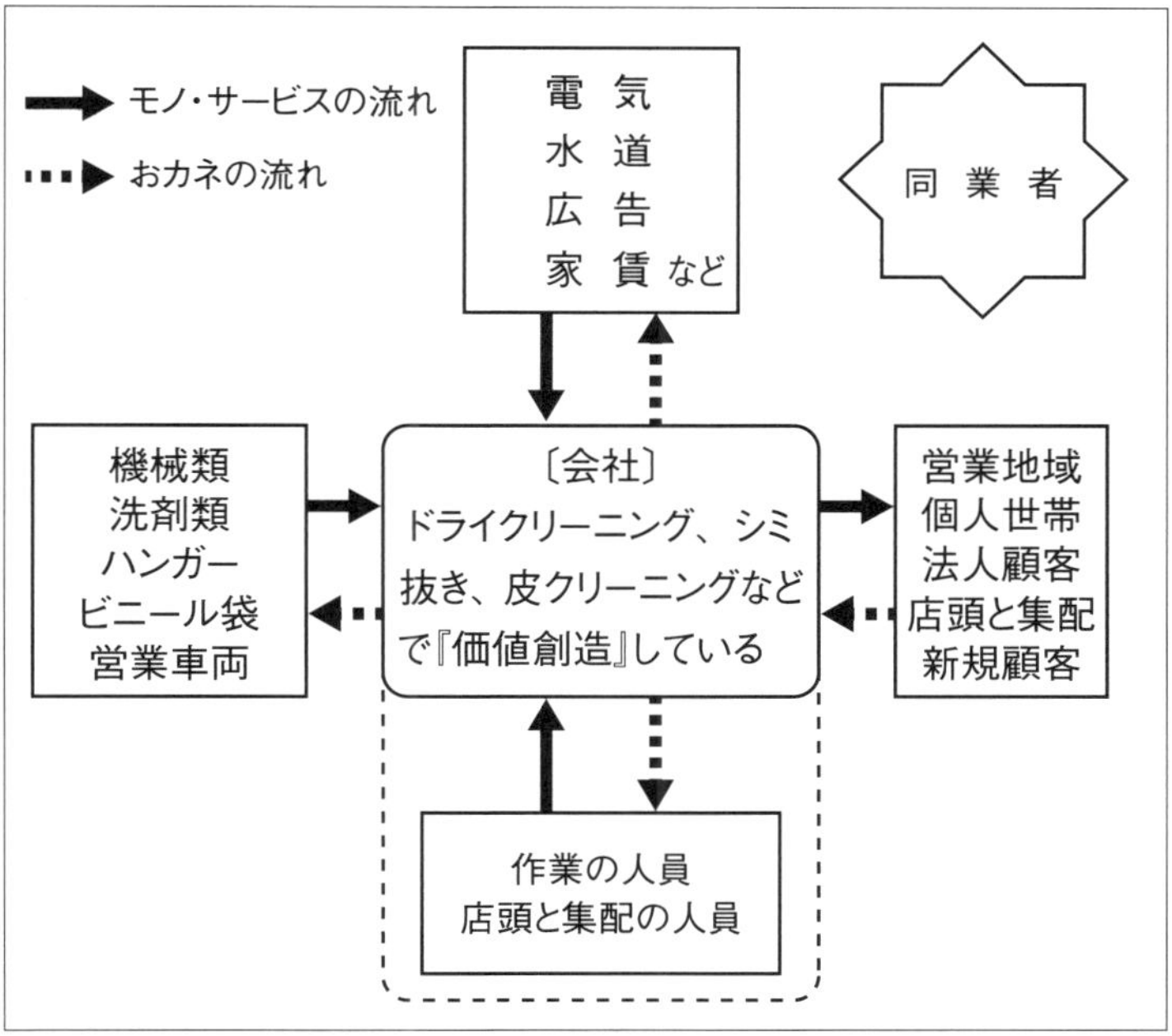
モノ・サービスの流れ
おカネの流れ
電 気
水 道
広 告
家 賃 など
同 業 者
機械類
洗剤類
ハンガー
ビニール袋
営業車両
〔会社〕
ドライクリーニング、シミ抜き、皮クリーニングなどで『価値創造』している
営業地域
個人世帯
法人顧客
店頭と集配
新規顧客
作業の人員
店頭と集配の人員

車両などが必要ですし、上は電気、水道、広告、家賃などが該当します。

真ん中の会社では、ドライクリーニングをしたり、シミ抜きや皮製品のクリーニングをして価値創造、クリーニング店の場合は、預かった洋服類の汚れを落として綺麗にしてお客様にお返しする、という価値創造ですが、その価値創造をしてお客様から代金をいただくという商売です。

身近な商売ですが、外部の人間からすると知らないこと、聴けることというのはけっこうたくさんあります。

顧客のこと

・店頭と集配の割合はどれくらいなのか？
・個人世帯と法人顧客の割合はどれくらいなのか？
・新規開拓は大変だろうが、どうやって開拓しているのか？
・最近のお客様の好みで変化していることはあるのか？
・クールビズの影響はあるのか？
・季節要因はあるのか？　冬場と夏場ではどちらが忙しいのか？

会社、商品・サービス、社長、社員のこと

・ドライクリーニングは何工程くらいあるのか？
・シミ抜きは手作業なのか？　個人の技術がモノを言うものなのか？
・背広のクリーニングの値段が2段階なのは、どこが違うのか？
・従業員さんは業務ごとに何人になっているのか？
・集配用の車やバイクは何台持っているのか？
・クリーニング店を営業するのに免許や許可は必要なのか？

仕入先、外注先、機械のこと

・機械類はどこのメーカーなのか？　専業メーカーがあるのか？　家庭用とはどこが違うのか？
・機械はどのくらいするのか？　どのくらいの年数で入れ替えるのか？
・洗剤類はどこのメーカーなのか？　専業メーカーがあるのか？　家庭用とはどこが違うのか？

商売に必要なサービスのこと

・電気代、水道代がかかるが電気代の値上げがあったら大変になるのか？　どのくらい大変になるのか？

・折り込み広告やポスティングは効果あるのか？　ヒット率はどれくらいなのか？

競合のこと

・市内にはどのくらいのクリーニング店があるのか？

・平均すると何世帯に1店舗が適正なのか？

・同業の集まりなどもあるのか？

・コンビニのクリーニングの仕組みはどうなっているのか？

このように、聴けることとって実はたくさんあるのです。これらのことは、ご実家がクリーニング店でもやっていない限り、金融機関を含め外部の人間で知っている人はあまりいないはずです。身近な商売でもけっこう知らないことがたくさんありますし、商売について聴けることってたくさんあります。

社長に何を聞いたらいいか分からないという方も、こうして整理するといくらでも聞くことは出てくるはずです。

特に新規先を訪問する場合は会社についての情報が少ないですから、事前に質問を準備しておくことが大切です。渉外の経験が10年以上にもなると事前準備なしでも過去の経験から「こんな業界ではこんなことを聴いたらいい」という蓄積ができます。最初のうちはそれは難しいですから、ある程度聞くことをピックアップしておくといいでしょう。

4 商売のことを聴かれて嫌がる社長はいない

商売のことについて聴くことが大切

クリーニング店は私にとって思い出深い体験があります。

まだ、渉外に出て経験が浅い時ですが、担当先にクリーニング店がありました。その社長は、クリーニング店と個人の資産家でアパートを何棟か持っていました。取引は会社でマル保付き融資が数百万円、個人のアパートローンは他行庫が対応していました。

私は金利を下げて他行庫の肩代わりの提案をしていたのですが、社長はなかなか乗ってきません。上司の渉外課長からは「どうなっているんだ、どうなっているんだ」とはっぱをかけられますが、交渉は手詰まりになっていました。

そんなある日、仕事帰りに寄った居酒屋で先輩にどうしたらいいか相談をしてみました。するとどんなクリーニング店と聞かれ、さらにクリーニング店ってどんな商売か分かるか？ と聞かれました。私はワイシャツやスーツを預かってきれいにして返す商売ですよね？ といったら、じゃあドライクリーニングの工程はどのくらいあって、機械や洗剤はどこのメーカーを使っているか、値段はどのくらいか知っているか？　と聞かれました。私はどの質問にも答えられませんでした。先輩は「君は相手のことを知っているつもりになっていて、実は何も知らないんだ」と私に言います。そして「社長は、きっとアパートの家賃で十分に食べられるのに、何で大変なクリーニング店をやっているかよく考えてみろ」と言います。私は考えました。それはきっとクリーニング店の商売が好きだからです。好きだからこそ、アパート収入で十分で生活できるのにもかかわらず、体力的にもきついクリーニング店を続けているのでしょう。先輩は、しばらくアパートローンの話はしないで、商売のことをもっと聴いてみたらいいぞと言ってくれました。

私は社長に肩代わりの話はしないで、商売のことを聴いていきました。すると数ヵ月して「お前は俺に何をしてほしい」と社長から聞かれ、私は素直に「できればアパートローンの肩代わりをさせてほしいです」と言いました。社長は「全部は無理だけどA銀行で借りている1棟ならいい」と言われました。

以前はいくら頼んでもダメだったのになぜいいと言ってくれるんですかと聞いたところ、「いろんな金融機関から担当者がくるが、いつもアパートローンの話ばかりでうんざりだ。商売のことをこんなに聞いてきたのはお前が初めてだ。そんなやつのいるところだったらもっと深い付き合いをしてもいいかと思ったのさ。俺だって商売が好きだから続けているんだよ」と言ってくれました。

こんな経験をして、やっぱり社長は自分のやっている商売に愛着を持っているのだなと実感した私は、それからは、いろいろな会社でできるだけ商売のことを中心に話を聴いていくようにしました。意識して聴いているとどんな社長でも、多くはその商売に愛着を持っているのがよく分かるようになります。そうすると自然に成果も上がるようになります。

5 新規先に訪問するつもりで考える

聴くスタンスは「会社の商売に興味があります、教えてください」

もう１つ何か具体的な業界で聴けることを考えてみましょう。あまり皆さんに馴染みの薄いニッチな業界だと考えるのも難しいでしょうから、比較的馴染みのある、でもちょっと複雑な業界ということで「化粧品の製造業」なんかどうでしょうか。

化粧品というと、男性にとっては、資生堂や花王などの大手メーカーやシャネルのような海外ブランドくらいしか、思い浮かばないと思いますが、実はたくさんの中小企業もあります。ドラックストアに行って化粧品のコーナーを覗いてみると、まったく聞いたことのないようなメーカーの商品もたくさん陳列されています。通信販売中心の中小企業もあります。そんな中小の化粧品メーカーを題材にしてみましょう。

既存取引先のビルのオーナーのところに定例集金に行ったら、「今月から、うちのビルに新しいテナントが入ったよ。社長も気さくな感じだから行ってきたら。私からも電話入れておくよ。会社は化粧品の製造をしているとかって言ってたな」と教えてくれました。お取次をお願いしたところ、その場でビルオーナーが電話してくれ、先方の社長が、明日ならOKと言ってくれたので、翌日、出向くことにしました。

こんなケースでは次のような質問を事前に用意します。

顧客のこと

・ユーザー(お客様、利用者)は女性の方が中心なのか?
・どのような年齢層の方が中心なのか?
・ユーザーの所得層はどのあたりが中心なのか?
・ユーザーはどんなシーンで利用しているのか?
・海外のユーザーはいるのか(or 輸出はしているのか)?

会社、商品・サービス、社長、社員のこと

・取扱商品は、どのようなジャンルなのか?
・取扱商品は、基礎化粧品かそれともメイク用化粧品なのか?

・他社のものと比べ商品の特徴はどんなところにあるのか？
・特にユーザーからの評価が高い点はどんなところなのか？
・商品の価格帯はどのへんなのか？
・商品開発はどのようにしているのか？
・品質管理はどのようにしているのか？
・工場はどちらにありすべて自前の生産なのか？
・流通ルートは、卸経由なのか、小売店との直接取引なのか。通販はやっているのか？
・社長はどういった経歴なのか（社長はもともとこの業界の出身なのか）？
・部門別の社員の構成はどのようになっているのか？
・会社の人材的な強みは、技術力なのか、マーケティング力なのか、営業力なのか？

仕入先、外注先、機械のこと

・原材料には、何を使っているのか。どこから仕入れているのか？
・パッケージは、どこに外注しているのか？
・製造する機械は、どこのメーカーなのか。特注品なのか。いくらくらいするのか？
・機械は、どのくらいの年数使えるものなのか？

・生産委託はしているのか

商売に必要なサービスのこと

・工場の電気代や水道代は相当かかるのか？
・広告はどこか広告代理店を使っているのか。主な広告メディアは何なのか？
・ビルや工場は賃貸物件なのか、自社物件なのか？
・コールセンターは外注なのか、自前なのか？
・顧客管理システムはどこの会社のものを使っているのか？

競合のこと

・競合になるのは大手メーカーなのか、中小メーカーの専業メーカーなのか？
・競合の強みはどのあたりになるのか。資金力なのか、技術力なのか、販売力なのか？
・競合商品のユーザーを獲得することを意識しているのか？

今の事例では、新規先を想定したのですが、既存先でやる場合は、次のような段取りになります。

過去のヒアリング、行内資料、会社のＨＰなどを参考にして、分かっていることをジャンルごとに整理する

←

情報不足の点、もっと突っ込んで聴きたいことをピックアップする

←

「会社の商売に興味があります、教えてください」というスタンスで、実際に社長に聴いてみる

6 売上アップのアドバイスを行う

答えは分からなくても考えるヒントや筋道を提示する

会社の商売をしっかり聴いていくと、そのうち社長から売上高をアップさせるためにアドバイスがほしいと言われる場面が出てきます。企業にとって売上の維持、増加は経営の中でも特に重要性の高い問題です。そんな重要性の高い問題についてアドバイスがほしいと言われたら、それはあなたが社長に信頼されている証拠です。せっかく信頼されているならその期待に応えたいものです。ただ、社長さえも悩んでいる問題に業界外の金融機関の職員がそうそう簡単に答えを見つけ出せるものではありません。でも、社長に対して考えるヒントや筋道を教えてさしあげることは十分にできます。

企業が売上高を増加させるには、どんな方法があるかを説明します。図にあるように、企業が売上高を増加させるには6つのやり方があります。

企業が売上高を増加させる６つの方法

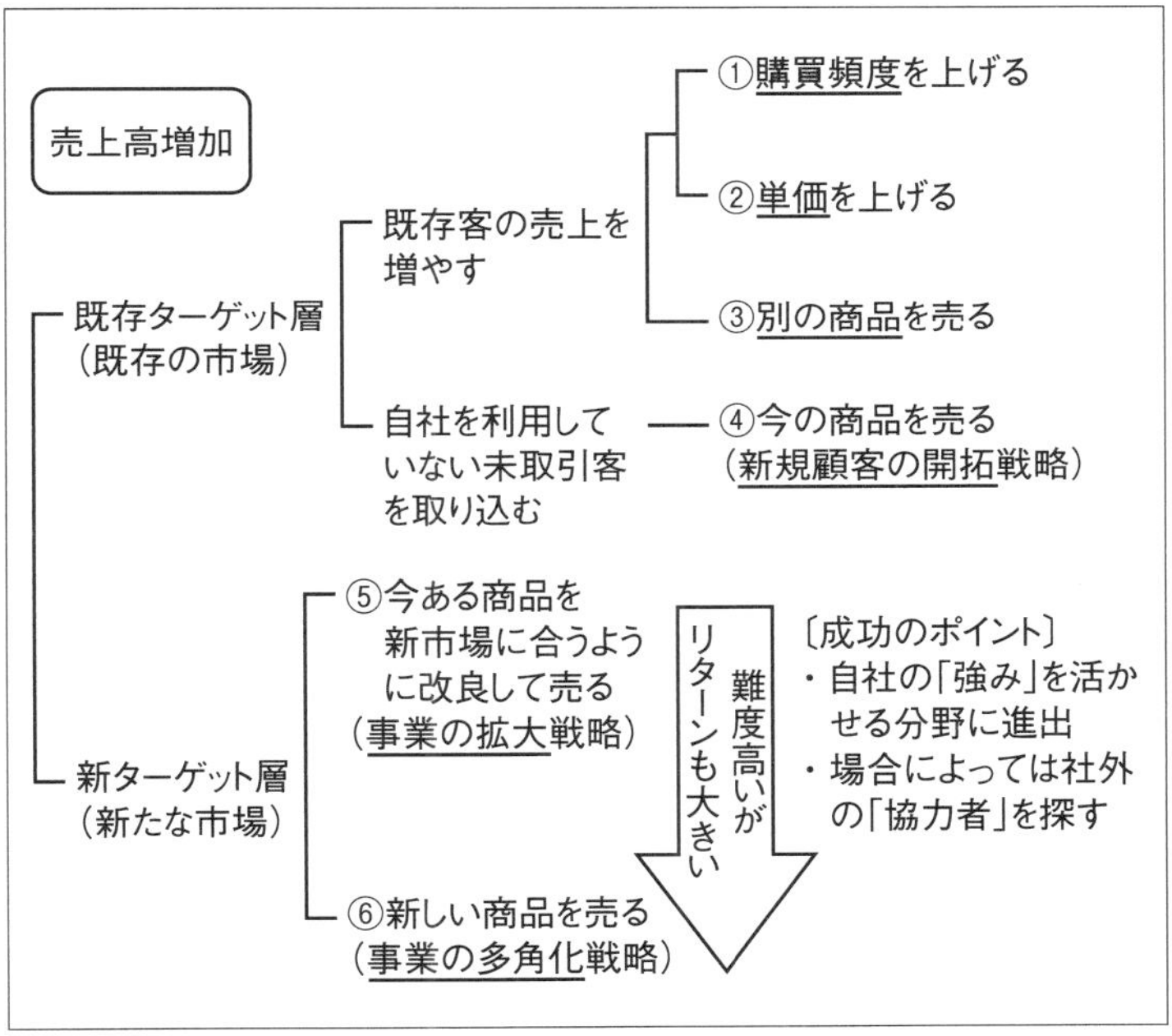
売上高増加
既存ターゲット層
（既存の市場）
既存客の売上を
増やす
①購買頻度を上げる
②単価を上げる
③別の商品を売る
自社を利用して
いない未取引客
を取り込む
④今の商品を売る
（新規顧客の開拓戦略）
新ターゲット層
（新たな市場）
⑤今ある商品を
新市場に合うよう
に改良して売る
（事業の拡大戦略）
⑥新しい商品を売る
（事業の多角化戦略）
難度高いが
リターンも大きい
〔成功のポイント〕
・自社の「強み」を活かせる分野に進出
・場合によっては社外の「協力者」を探す

まず、大きく分けると既存ターゲット層、つまり既存の市場で売上高を増加させていくのか、もしくは、新ターゲット、新しい市場で売上高を増加させていくのか、という分類ができます。

既存ターゲット、新ターゲットで一番分かりやすい例は、日本国内を相手にしている会社が海外市場を新たに相手にしていくケースや、会社向けの商売（ＢｔｏＢと言う）をやっていた会社が、個人向け（ＢｔｏＣと言う）の商売を始めるケースなどです。

既存市場で売上高の増加を図るのであれば、「既存顧客の売上高を増やす」のか、既存ターゲットの中の「自社を利用していない取引客を取り込む」のか、という2つに分かれます。

さらに、既存客の売上を増やす場合には、「①購買頻度を上げる」もしくは1回の「②単価を上げる」という選択肢があります。さらに、既存顧客に今までとは「③別の商品を売る」という選択肢もあります。クロスセルをやるか、何か新商品を作って、既存のお客様に買ってもらう方法です。

次に、既存のターゲットの中にはいるけれど、他の会社を利用していて自分の会社は利用していない、もしくはどこの会社の製品もまだ利用していない、そんな未取引客を取り込んで、「④今の商品を売る」という方法があります。これは一般的には「新規顧客の開拓戦略」と言います。

もう一方の、新ターゲット層、今までとは全然違う新市場を狙うのであれば、「⑤今ある商品を新市場に合うように改良して売る」というやり方があります。新市場では、前と同じ市場向けの商品はそのままでは売れないので、新市場に合わせた商品を投入しなければならないケースがほとんどです。これを一般的には「事業の拡大戦略」と言います。

また、新しいターゲットに今とは違う「⑥新しい商品を売る」というのも考えられます。この⑥のことを「事業の多角化戦略」と言います。多角化は幅広い意味で使われることが多いのですが、厳密にいうと、新しい市場で新しいモノを売っていく場合に使う言葉です。

売上を上げようとするなら、大きく分けてこの6つのやり方があります。

7 ある焼肉屋の売上アップを考える

今の商売の強みや特徴を活かせるものを考える

焼肉屋を例に6つの方法を具体的に考えてみましょう。

駅前商店街にある家族連れをターゲットにした、平均的な焼肉屋をイメージしてください。

「①購買頻度（焼肉屋なら来店頻度）を上げる」。代表的なものは、今日来ていただいたお客様に向こう2週間限定の割引クーポンを出す、あるいは今回来店してから次回2週間以内に来店したらビールを1杯サービスするなどの方策が考えられます。ポイントカードやスタンプカードも来店頻度を上げるための方策です。それから既存顧客にDMを出して、いついつまでにその葉書を持って来店してくれたら何かサービスするというような工夫で来店頻度、購買頻度を上げていきます。

「②単価を上げる」は、1人あたり、もしくはグループ単位の売上高を上げるということですが、何か特別な高級肉を数量限定で用意してみたり、お土産用に韓国海苔を売るもしくはキムチを持ち帰りで売るなどが考えられます。それにドリンク類を充実するのも単価を上げるのに効果的です。

「③既存客に別の商品を売る」ということだと、焼肉屋だとあまり考えにくいのですが、お子さん連れが多い地域なら、子ども向けの簡単な玩具の販売や、韓流スターのブロマイドの販売などがあるかもしれません。

「④新規顧客の開拓」は、その地域の住民で焼肉屋は利用しているけど、他店を利用している人たちです。そうした人を取り込むには、店の前でのチラシの配布、ぐるなびやホットペッパーのような広告媒体の利用などのプロモーション活動があるでしょう。

新ターゲット層に今ある商品を改良して売る「⑤事業の拡大戦略」では、家族連れ中心の店だったのを、個室を作ったりカウンターで間仕切りをしたスペースを設けるなどして、カップルやお一人様需要（一人焼き肉）をターゲットとするなど、思い切ってそれ専用の新しい店を出すなどが考えられます。

「⑥事業の拡大戦略」は、一番難しいものですが、焼肉屋がまったく別の商売を始めるということであれば、マッサージ店やコンビニ経営に乗り出すということもなくはないですが、なかなか難しいところがあると思います。

ただ、今の商売の強みや特徴を活かせるなら、成功の可能性も出てくるものと思われます。例えば、焼肉屋が持ち帰り弁当の店を出店するということであれば、仕入ルートを活かせたり、技術を活かせることになります。まったく関連性のないものよりは、成功の可能性は高まります。

社長から、売上アップのアドバイスを求められたときには、やみ雲に考えるのではなく、この6つの方法があることを伝え、どの方法に力を入れていくのか、今までやっていなかったことはないかを考えてもらいます。いくつかの具体案が出てきたら、その中から優先順位を決めて、実行に移していきます。

8 中小企業にも事業の拡大戦略や多角化戦略が必要

成功のカギは自社の強みを活かせること

大手企業であれば、ヒト・モノ・カネ・情報などの経営資源が豊富なので前項の６つを同時並行で進めることができます。しかし中小企業の場合は経営資源に限界があるので、ある程度やることを絞って進めたほうが成功の確率が高まります。取引先が売上アップ戦略を考えるなら、まずこの６つの中でどれに力を入れて取り組むかを検討します。

比較的どのような会社でも日常的にやっているのは①～④です。ただし、経済が好調で既存市場が伸びている時は、この４つだけでも大丈夫ですが、既存の市場を相手にしているだけなので、どうしても限界があります。既存市場が縮小して、過当競争になっている状況でいくら頑張っても事業がじり貧ということになりかねません。この⑤、⑥という戦略をやっていけるかが、中小企業が生き残るための方策と考えられます。

そこで⑤と⑥の２つも中長期の課題として考えていきたいところです。ただ、⑤、⑥はすぐに明日からできるわけではなくて、技術開発や商品開発や販路の開拓などで、2年、3年がかりでやらなければいけないケースが多いですし、新しいターゲットに売っていくので、難易度は高くなります。

これが成功すると企業の業績はグッとよくなります。成功のカギとしては、自社の強みを活かせることが大切です。それから、自分の会社だけでは、情報や人材、販路が足りないことも多いので、協力者、提携相手が必要になるケースも多いです。

9 新ターゲット層を狙った戦略の事例

従来業務で培ってきた鋳造技術の強みが活きる

いくつか中小企業で⑤、⑥に該当する事例をご紹介します。

九州のＬＥＤ照明器具の製造メーカーＡ社は、もともと運動競技場や駐車場、工場といった陸上にある大規模な照明設備を作っていました。その会社は、漁業で使う集魚灯（船の上や海中で光を出し、魚を集める照明器具）を開発し発売しました。従来の顧客は陸上で大規模照明を必要とする施設や工事業者です。新ターゲット顧客は漁業関係者ですから、陸上から海への大転換です。これは、新たなターゲットに改良した商品を売っているので、「⑤事業の拡大戦略」に該当します。

関東地方のＢ社はもともと老人ホームなどの介護施設に治療・介護用食品の卸売をしていましたが、個人向けの小売店を新たにオープンさせました。企業相手の卸売ビジネスから個人向けの小売りへの進出事例です。

同じ商品を扱っていても、企業を相手にするのと個人を相手にするのでは勝手が違います。老人ホーム相手の場合は相手も介護のプロで専門知識はあるので、商品の説明などは比較的やりやすいですし、営業をするのも限られた数の施設に直接出向けば何とかなります。

一方で個人相手の小売りは、相手にそれほど商品知識があるわけではないですし、一人ひとりの体調や好みに合わせてきめ細かく対応する必要もあります。これまで以上の接客サービスを充実させる必要があります。また、店舗に来てもらうためには、いい場所で店を出したいし、広告も必要です。ですから施設という組織相手の商売と個人相手の商売は、同じモノを売っていても商売の難しさは違うのです。これも「⑤事業の拡大戦略」に該当します。

中部地方のC社は、機械用鋳造部品を製造し、大手メーカーの下請けでしたが、脱下請けのために個人向け最終製品のフライパン製造に乗り出して成功しました。企業向けの商売から個人向けの商売への転換で、さらに商品もまったく違うものになっています。フライパンの製造には、従来業務で培ってきた鋳造技術の強みが活きています。これは新しいターゲットに新しい商品を売っているので「⑥事業の多角化戦略」に該当します。

10 取引先企業の発展と前向きな資金需要の取込み

販路の開拓やパートナー企業の選定などで協力する

社長から売上アップについてアドバイスを求められたら、まず６つの方法があることを伝え、どの方法を中心に行うかを一緒に考えていきましょう。できれば中長期的課題として新ターゲットを狙う⑤⑥の戦略も検討してはどうかと提案してみます。⑤⑥の成功事例は日本経済新聞の月曜版「新興・中小企業」面にたくさん掲載されています。スクラップしておいて、資料として社長に紹介すると非常に喜ばれます。

社長がもし、新ターゲットを狙う戦略を本格的に検討する段階になれば、販路の開拓やパートナー企業の選定などで金融機関が相談に乗る場面もたくさん出てきます。また、実際の新たな事業展開の実現に伴って、資金需要の取込みの可能性も広がります。もし、そのように進んで、取引先企業の発展に役に立てて、自分の金融機関の収益にもつながったら、これほど金融機関の職員冥利につきる仕事はないはずです。

おわりに

社長はあなたを待っている

本書では、心がまえ的な部分からテクニック的なこと、トーク例などお伝えしてきました。金融機関が取り扱っている金融商品・サービスは、金融機関ごとで大きな違いはありません。だからこそ、渉外担当者次第で差がつきます。担当者の差別化がポイントです。差別化とは、同じシチュエーションでも着眼点を変え、言い方や行動を工夫する、他人とは違う言動を行うことです。

本書では日常的な社長とのやり取りの中で、他人とは違う言動、しかも社長のふところに飛び込んでいき、社長との信頼関係を築くための具体的な方法をお伝えしました。明日からぜひ1つでもいいので、何か取り入れていただきたいと思います。

金融機関の職員の仕事は、社長と会って、話をして、商売の悩みや苦労、将来の展望を聴くことから始まります。社長は、商売の悩みや苦労、将来の展望を聴いてくれるあなたのことを待っています。ぜひ、怖がらず、臆せず、遠慮せず、社長のふところに飛び込んでいってください。

それができればきっと社長や会社のお役に立つことができ、地域社会の発展に貢献し、結果として自身の金融機関の業績にも寄与することができます。皆さんも充実した社会人生活を送ることになるでしょう。

皆さまのますますのご活躍、お勤めの金融機関さんの一層のご発展、お取引先企業様の益々のご繁栄を心よりお祈り申し上げます。

著者

著者
渋井正浩（しぶいまさひろ）
株式会社エムエス研修企画　代表取締役

★略歴

1988年東北大学経済学部を卒業し、協和銀行（現りそな銀行）に入社。営業店で約10年間にわたり、渉外、融資を担当。その後、本社にて法人融資審査を8年間担当。2005年に退職し、現職。現在は金融機関の職員研修を中心に、一般企業や日経新聞社などの研修・セミナー講師として活動中。

★主な研修・セミナーテーマ

金融機関向け

「社長のふところに飛び込む極意」
「渉外課長 スキルアップ研修」
「財務基礎研修　はじめての決算書講座」

一般企業向け

「経営戦略・マーケティング戦略 基礎講座」
「ビジネス企画力強化講座」
「日経新聞活用講座」など

社長のふところに飛び込む極意

2013年9月4日　初版発行
2015年5月13日　第2刷

著　者 ―――――― 渋井正浩
発行者 ―――――― 福地　健

発行所 ―――――― 株式会社近代セールス社
http://www.kindai-sales.co.jp
〒164-8640　東京都中野区中央1-13-9
TEL：03-3366-5701
FAX：03-3366-2706
印刷・製本 ――― 広研印刷株式会社

ISBN 978-4-7650-1208-9